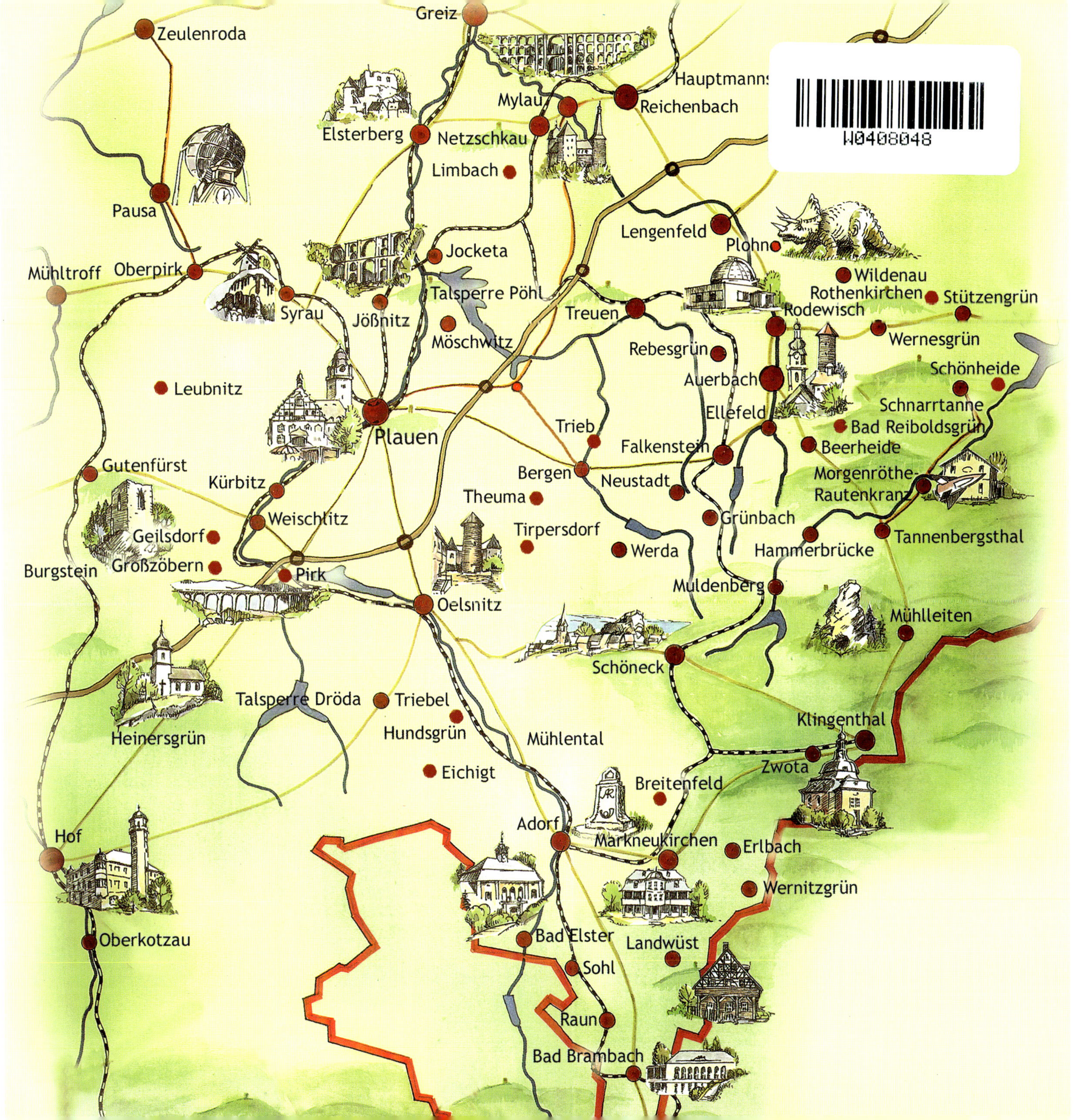
Greiz
Zeulenroda
Hauptmanns
Mylau
Reichenbach
Elsterberg
Netzschkau
Limbach
Pausa
Lengenfeld
Plohn
Mühltroff
Oberpirk
Jocketa
Wildenau
Talsperre Pöhl
Rothenkirchen
Stützengrün
Syrau
Jößnitz
Treuen
Rodewisch
Möschwitz
Wernesgrün
Rebesgrün
Schönheide
Leubnitz
Auerbach
Schnarrtanne
Ellefeld
Bad Reiboldsgrün
Plauen
Trieb
Falkenstein
Beerheide
Gutenfürst
Bergen
Neustadt
Morgenröthe-
Rautenkranz
Kürbitz
Theuma
Weischlitz
Grünbach
Geilsdorf
Tirpersdorf
Tannenbergsthal
Werda
Hammerbrücke
Burgstein
Großzöbern
Pirk
Muldenberg
Oelsnitz
Mühlleiten
Schöneck
Talsperre Dröda
Triebel
Klingenthal
Heinersgrün
Hundsgrün
Mühlental
Zwota
Eichigt
Breitenfeld
Hof
Adorf
Markneukirchen
Erlbach
Wernitzgrün
Oberkotzau
Bad Elster
Landwüst
Sohl
Raun
Bad Brambach

Verträumtes und Idyllisches VOGTLAND
VOGTLAND - The dreamful idyll
VOGTLAND- magique et idyllique

Farbbild-Reise durch das
Vogtland

Herausgeber: Horst Ziethen
Textautor: Andreas Krone

Göltzschtalbrücke

ZIETHEN-PANORAMA VERLAG

Verträumtes und Idyllisches VOGTLAND

„Das Grün der Wiesen und Wälder ist hier heller und frischer als anderswo, ja sogar als in Irland." Kein Geringerer als Lord Yehudi Menuhin, der weltberühmte Musiker und Dirigent, machte dem Vogtland, das er während zweier Gastspiele auf dem „Festival Mitte Europa" schätzen gelernt hat, dieses liebenswürdige Kompliment.

Obwohl das Vogtland mit seinem Kerngebiet in Sachsen und Ausläufern nach Thüringen und Bayern flächenmäßig keinen allzu großen Naturraum zwischen Fichtel- und Erzgebirge bildet, gliedert es sich doch in mehrere naturräumliche Einheiten mit zum Teil recht unterschiedlichen Landschaftsformen auf. Dabei stellt das mittelvogtländische Kuppenland um die Stadt Plauen an der Weißen Elster den landschaftlich abwechslungsreichsten Raum dar und ist daher Naturfreunden und Wanderern zu allen Jahreszeiten besonders zu empfehlen. Herausragendes Merkmal dieses sich zwischen den romantisch gelegenen Burgsteinruinen bei Krebes und der idyllischen Vogtländischen Schweiz um Jocketa erstreckenden Gebietes sind die zahlreichen, zumeist waldbestandenen Bergkuppen aus Diabas (Grünstein), hier vielerorts als Pöhle bezeichnet. Diese steinigen Pöhle oder Hübel standen einer landwirtschaftlichen Nutzung entgegen, so dass sie weitgehend bewaldet sind und damit wesentlich zum Landschaftsbild beitragen. Auf engem Raum zeigt sich so eine reizvolle Abfolge von Acker- und Grünflächen, waldbedeckten Höhen, ländlichen Siedlungen und Tälern.

Der Südosten des Vogtlands um die Städte Markneukirchen und Klingenthal, auch als „Musikwinkel" bekannt, zeichnet sich durch ein umfangreiches Loipennetz sowie mehrere Skipisten aus. Die rund 36 Kilometer lange Kammloipe gehört zu den schönsten und schneesichersten deutschen Mittelgebirgsloipen und erschließt im Nationalpark Erzgebirge/Vogtland eine Skiregion von besonderem Reiz.

VOGTLAND – The dreamful idyll

"The green of the meadows and forests here is lighter and fresher than anywhere else, even Ireland." No less than Lord Yehudi Menuhin, the world-famous musician and conductor, extended this kindly compliment to the Vogtland, a region which he came to know and appreciate when he made two appearances at the Central European Festival.

The heart of the Vogtland region lies in the state of Saxony, although some outlying areas spill over into neighbouring Thüringen and Bavaria. Although in terms of area the Vogtland covers a relatively small region between the highlands of the Fichtelgebirge and Erzgebirge, it nevertheless consists of a patchwork of very differing landscapes that can be split up into distinct localities. The greatest variety of scenery can be found in the hilly central area of the Vogtland around Plauen, situated on the Weisse Elster river, and consequently, this is the part most recommended for hikers, walkers and nature-lovers, no matter what the season. An outstanding characteristic of the countryside which extends from Krebes, with its romantic ruined castles of Burgstein, to the idyllic 'Vogtland Switzerland' around Jöcketa are the numerous, mostly wooded hills known locally as Pöhle. These rocky outcrops are of diabase, an igneous rock, and agriculturally unproductive. As they are normally covered in trees, they make a considerable contribution to the diversity of this landscape. The result is a enchanting succession of fields and meadows, wooded hills and rural settlements and valleys, all within a comparatively small area.

The south-east of the Vogtland around Markneukirchen and Klingenthal is known as the 'Music Corner'. This high-lying area provides splendid amenities both for cross-country and downhill skiers. The 'Kammloipe' cross-country ski run, about 36 km long, is one of the finest in central Germany. Snow is practically guaranteed here and, to the Erzgebirge-Vogtland National Park.

VOGTLAND - magique et idyllique

«Le vert des prés et des forêts est ici plus clair et plus frais qu'ailleurs, même en Irlande». Yehudi Menuhin, le musicien et chef d'orchestre de renommée mondiale, a fait cet aimable compliment au Vogtland, qu'il découvrit et apprécia à l'occasion de deux concerts donnés lors du «Festival Europe du Centre». Bien que le Vogtland, dont le cœur se situe en Saxe avec des contreforts vers la Thuringe et la Bavière, forme un site naturel peu étendu entre le massif Fichtelgebirge et les monts Métallifères (Erzgebirge), il se compose cependant de plusieurs unités aux paysages très différents.

Parmi ceux-ci, la région montagneuse du Vogtland central autour de la ville de Plauen située sur l'Elster Blanche, offre des paysages variés, elle plaira beaucoup aux amis de la nature et aux randonneurs, en toutes saisons. Les sommets montagneux en dolérite (pierre verte), couverts de forêts, façonnent le paysage de cette région qui s'étend de Krebes et ses romantiques châteaux en ruines jusqu'à la «Suisse du Vogtland» si idyllique autour de Jocketa. Ce terrain pierreux et accidenté peu propice à une utilisation agricole est en grande partie boisé et présente un large éventail de paysages. Une suite attrayante de champs et de prés, de sommets couverts de forêts, de cités rurales et de vallées se déroule malgré une région restreinte.

Le sud-est du Vogtland autour des villes de Markneukirchen et Klingenthal, mondialement connu comme le «coin de la musique» se caractérise par un réseau de pistes de ski de fond ainsi que par plusieurs pistes de ski alpin. La piste de ski de fond de la crête compte parmi les pistes allemandes de moyenne montagne les plus belles et les plus enneigées et ouvre une région de ski très attrayante dans le Parc National des monts Métallifères et du Vogtland.

Die Wasserfläche im Vogtlandkreis erstreckt sich über 1.600 Hektar. Dazu gehören sieben Talsperren, deren größte, die 1964 entstandene Talsperre Pöhl, als Freizeit- und Urlaubszentrum einen hervorragenden Ruf genießt.

Die Siedlungsgeschichte des Vogtlandes lässt sich bis zur Spätbronzezeit (1300 - 750 v. Chr.) zurückverfolgen. Mit der Ausbreitung der Lausitzer Kultur gelangten Pflanzenanbau und Viehzucht in die Gegend. Zwischen 500 und 200 v. Chr. drangen die Germanen von Norden bis an das Vogtland und das Erzgebirge vor, besiedelten diese Gebiete aber ebenso wenig wie die in Ostthüringen und Böhmen lebenden Kelten. Offensichtlich blieb das Vogtland in den folgenden Jahrhunderten unbewohnt, erst nach 800 kann die Besiedlung durch Slawen nachgewiesen werden. Der Ursprung der Stadt Plauen, heute mit knapp 70.000 Einwohnern die Metropole des Vogtlandes, liegt in der slawischen Siedlung Plawe, die in der ältesten Urkunde über die Stadt aus dem Jahre 1122 als „vicus plawe" (plawe = Holzschwemme, Flößplatz) bezeichnet wird. Die in jener Urkunde als „Smurden" (Bauern slawischen Ursprungs) erwähnten Bewohner des Landes errichteten ihre Schutzwälle, Häuser und Wasserburgen fast ausschließlich aus Holz; Mörtel kannten sie nicht.

Ab 1122 wird die Landeserschließung im Vogtland urkundlich fassbar. In diesem Jahr weihte Bischof Dietrich von Naumburg die St.-Johannis-Kirche in Plauen, die der erste urkundlich belegte Lehnsherr im Gau Dobna, Graf Adalbert von Everstein aus Holzminden im Weserland, erbauen ließ. Am Fuße der Kirche entstand eine Komturei des Deutschen Ordens. Im 12. Jh. wanderten deutsche Bauern, Handwerker und Kaufleute aus dem Egerland, aus Franken und wohl auch aus Bayern in das Vogtland ein. Sie rodeten Teile der riesigen ostvogtländischen Waldgebiete und legten Siedlungen an, aus denen sich teilweise Ortschaften und Städte entwickelten, beispielsweise Auerbach, seit 1338 im Besitz des Stadtrechtes.

Over 1,600 hectares of land of the Vogtland are covered in water. This area includes seven reservoirs, the largest of which is the Pöhl reservoir. Opened in 1964, this lake enjoys an excellent reputation as a leisure and vacation centre.

The earliest settlements in the Vogtland date back to the late Bronze Age (1300 - 750 B.C.). As the culture of the indigenous peoples of the Lausitz introduced this region. The years between 500 and 200 B.C. saw the invasion of northern Germanic tribes into the Vogtland and Erzgebirge, although, like the Celtic population of East Thüringen and Bohemia, they did not settle here. The Vogtland was apparently uninhabited during the following centuries, and only after 800 A.D. do we have evidence of Slavic settlements in the region. The name of Plauen, which with a population of nearly 70,000 is the largest town in the Vogtland, derives from an early Slavic settlement known as Plawe. In the oldest charter relating to the town, dating from 1122, the name appears as vicus plawe (plawe means wood ford, or raft place). The same charter mentions local communities of 'Smurden', meaning peasants of Slav origin; these were a people who erected their defensive walls, houses and moated farms almost entirely of wood, as mortar was not known to them.

From 1122 onwards, then, we have documentary evidence of the development of the Vogtland region. It was in this year that Bishop Dietrich of Naumburg consecrated the church of St Johannis in Plauen, built by the first recorded feudal lord of Dobna, Count Adalbert von Everstein, from Holzminden in Weserland. A seat of the Teutonic Order of Knights was founded adjacent to the church. In the 12th century, German peasants, imigrated into the Vogtland. They cleared sections of the great forests in the east and founded settlements which were to develop into villages and towns; one such example is Auerbach, which received its charter in 1338.

Le Vogtland possède plus de 1600 hectares de surface aquatique. Sept barrages en font partie, dont celui de Pöhl, construit en 1964 et renommé comme site de loisirs et de vacances.

L'histoire du peuplement du Vogtland remonte à l'ère du bronze tardif (1300-750 av. J.C.). La Lusace ayant étendu sa culture à la région du Vogtland, l'agriculture et l'élevage apparurent. Entre 500 et 200 av. J.C. les Germains pénétrèrent depuis le nord jusqu'au Vogtland et aux monts Métallifères, mais ne s'y installèrent pas plus que les Celtes qui vivaient en Thuringe orientale et en Bohême. Le Vogtland resta apparemment inhabité les siècles suivants, c'est seulement après 800 que l'on trouve les preuves de l'installation de slaves. L'origine de la ville de Plauen, aujourd'hui la métropole du Vogtland avec presque 70 000 habitants, se trouve dans la cité slave Plawe, décrite, dans le plus vieux document sur la ville daté de 1122, comme «vicus plawe» (plawe = gué en bois, pont de radeaux). Les habitants de cette région nommés dans ce document «Schmurden» (paysans d'origine slave) construisaient leurs remparts, habitations et châteaux forts entourés d'eau presque exclusivement en bois: ils ne connaissaient pas le mortier.

A partir de 1122 des documents attestent la mise en valeur du Vogtland. Cette année là, l'évêque Dietrich de Naumburg consacra l'église St-Johannis à Plauen, construite par le premier suzerain de Gau Dobna, le comte Adalbert de Everstein originaire de Holzminden en Weserland. Au pied de l'église fut fondée une commanderie de l'Ordre teutonique. Au XII s. des paysans allemands, des artisans et des commerçants venus de Egerland, de Franconie mais aussi de Bavière émigrèrent dans le Vogtland. Ils défrichèrent en partie l'immense région forestière du Vogtland oriental et installèrent des habitations, dont certaines donnèrent ensuite naissance à des villages et

Die etwa gleich große Nachbarstadt Reichenbach entstand dagegen an der Gabelung eines Handelsweges, der sich von Plauen her in die Straßen nach Altenburg und Leipzig sowie nach Zwickau und weiter ins westliche Erzgebirge (alte Schneeberger Straße) teilte.

Die Besiedelung des Vogtlandes verlief zeitgleich mit der Westsachsens: 1173 war die Umgebung von Aue mit Dörfern besetzt, am „böhmischen Steg", der Handelsstraße zwischen Prag und Halle, erlebte die 1118 erstmals als „Territorium" erwähnte Stadt Zwickau einen raschen Aufschwung. Deren stetiges Bevölkerungswachstum machte bereits um 1200 die Erweiterung des Stadtgebietes erforderlich.

Durch Burgenbau und Stadtgründungen bauten die Vögte ihr Einflussgebiet zielstrebig aus. Um 1200 kamen sie in den Besitz der Herrschaft Plauen. Um 1224 übereignete Heinrich IV. dem Deutschritterorden die St.-Johannis-Kirche und verlieh Plauen das Stadtrecht. Seine Nachkommen legten nach 1244 die Neustadt an und ließen um 1270 auf dem Hradschin ein Schloss bauen. Nach 1248 wurden die Vögte mit dem Regnitzland belehnt. An diese Zeit erinnern noch heute der Landschaftsname „bayerisches Vogtland" sowie der Löwe im Hofer Stadtwappen. Die Vögte bauten das Schloss und die Stadtbefestigung, ehe 1373 Friedrich V. Burggraf von Nürnberg, für 8.100 Freiberger Groschen das Regnitzland erwarb, das bis 1806 unter der Herrschaft der Hohenzollern blieb und 1810 zum Königreich Bayern kam.

Bereits um 1254 traten die Vögte von Weida gegenüber den Markgrafen von Meißen als fast ausgleichsberechtigte Landesherren auf. In den Urkunden der Vögte wird nun häufig von ihrem Land, „terra nostra" und der „terra advocatorum", dem Land der Vögte, gesprochen. Den Höhepunkt ihrer Herrschaft erreichten die Vögte unter Kaiser Ludwig dem Bayern (1282 - 1347),

In contrast, Reichenbach, a similar sized town in the vicinity of Auerbach, was founded at the fork of a trade route. One route led to Altenburg and Leipzig, the other, formerly known as the Schneeberger Strasse, to Zwickau, continuing into the western Erzgebirge.

The settlement of the Vogtland ran parallel to that of West Saxony; by 1173, several villages already existed around Aue, and the town of Zwickau, first recorded in 1118, was founded on the 'Bohemian Way', a trading route between Prague and Halle. This location ensured that Zwickau rapidly rose in importance, and a steady increase in population meant that an extension of the municipal borders was required as early as 1200.

The bailiffs devoted themselves to consolidating their power base by building castles, founding towns and clearing further areas of forest. In 1200 they took control of Plauen, and in 1224 Heinrich IV presented the church of St Johannis to the Teutonic Knights and granted Plauen its first charter. Heinrich's descendants founded the New Town around 1244 and erected a castle on the Hradschin. After 1248, the bailiffs were granted possession of Regnitz, a reminder of this time is the Lion of Weida on the municipal arms of Hof. The bailiffs went on to build the castle and town defences until finally, in 1373, Friedrich V, Burgrave of Nuremberg, purchased the fiefdom of Regnitz for the sum of 8,100 Freiberger groschen. In 1806 Regnitz passed to the Hohenzollern dynasty, and in 1810 became part of the kingdom of Bavaria.

By 1254, the Bailiffs of Weida were able to regard themselves as rulers virtually on a par with the Margraves of Meissen. Documents drawn up by the bailiffs frequently refer to their lands as terra nostra and terra advocatorum, that is, the land of the bailiffs. The height of their power was attained under the rule of Emperor Ludwig IV of Bavaria, (1282-1347).

des villes, comme Auerbach par exemple, qui obtint ses droits en 1338. Reichenbach, une ville voisine de même taille, fut fondée à l'intersection d'une route commerciale, qui se divise au départ de Plauen pour mener à Altenburg et Leipzig ainsi qu'à Zwickau et plus loin vers les monts Métallifères (ancienne route Schneeberg).

Le peuplement du Vogtland se déroula en même temps que celui de la Saxe occidentale: en 1173 des villages naissaient dans les environs de Aue. Sur la «Marche de Bohême», la route commerciale entre Prague et Halle, la ville de Zwickau, nommée «territoire» pour la première fois en 1118, bénéficia d'un essor rapide. La croissance ininterrompue de leur population rendit indispensable l'agrandissement de ces villes dès 1200.

Les baillis étendirent leur zone d'influence grâce à la construction de châteaux, à la fondation de villes et aux défrichages des forêts. Autour de 1200, ils régnèrent sur Plauen. Vers 1224 Henri IV transmit à l'Ordre des Chevaliers Teutoniques l'église St-Johannis et octroya à Plauen le droit de cité. Ses descendants fondèrent après 1244 la nouvelle ville et firent construire vers 1270 un château sur le Hradschin. Après 1248 les baillis reçurent en fief le Regnitzland. Le nom de la contrée «Vogtland bavarois» ainsi que le lion de Weida dans le blason de la ville de Hof rappellent aujourd'hui encore cette époque. Les baillis construisirent le château et les remparts, jusqu'à ce qu'en 1373 Frédéric V, burgrave de Nuremberg, achète pour 8100 «Freiberger Groschen» le Regnitzland, qui demeura jusqu'en 1806 sous la souveraineté des Hohenzollern et revint en 1810 au royaume de Bavière.

Dès 1254 les baillis de Weida traitaient presque d'égal à égal avec les margraves de Meissen. Dans les documents des baillis on appelle alors souvent leur région «terra nostra» et «terra advocatorum»,

der ihnen 1329 alle landesherrlichen Rechte bestätigte - eine Einmaligkeit in der gesamten deutschen Geschichte.

Die industrielle Produktion, im Vogtland insbesondere geprägt durch die Textilindustrie, entwickelte sich in bereits vorhandenen Städten. Die bebauten Flächen dehnten sich vor allem seit Mitte des 19. Jh. fast explosionsartig aus. So stieg auch die Bevölkerungszahl Plauens zwischen 1875 (28.756) und 1912 (128.014) um mehr als das Vierfache.

Das Vogtland gilt als bedeutendes Zentrum der Spitzen- und Stickereiherstellung mit einer jahrhundertelangen Tradition. Insbesondere Plauen gelangte durch seine Spitzen zu Weltruf. Auf der Pariser Weltausstellung 1900 erhielten Plauener Spitzenfirmen für ihre Produkte den „Grand Prix". Das einzige deutsche Spitzenmuseum lädt im Plauener Alten Rathaus zu einem Rundgang ein.

In allen Kontinenten einen hervorragenden Namen haben Musikinstrumente aus dem oberen Vogtland. Die Tradition des Musikinstrumentenbaus in Markneukirchen, Klingenthal und Umgebung begründeten vor über 300 Jahren böhmische Einwanderer. Im Jahre 1700 zählte die von ihnen gegründete Geigenmacher-Innung bereits 30 Mitglieder. Zehn Jahre später begann der Bau von Holzblasinstrumenten, 1777 schlossen sich die Saitenmacher zu einer Innung zusammen. Mit Aufnahme der Gitarrenproduktion um das Jahr 1800 entwickelte sich der Zupfinstrumentenbau zu einer selbstständigen Zunft. Um die Mitte des 18. Jh. wurden die ersten Metallblasinstrumente hergestellt. Parallel dazu begann die Bogenfertigung, ab der Mitte des 19. Jh. entstanden im vogtländischen Musikwinkel auch Zithern. Etwa um diese Zeit kamen mit der Mund- und der Handharmonika völlig neue Instrumente in Mode, deren Produktion in Klingenthal die herkömmlichen Handwerkszweige erheblich zurückdrängte.

Industrial output, which in the Vogtland usually meant the textile industry, took place in already existing communities, most particularly in the second half of the 19th century. So it was that the population of Plauen increased more than fourfold between 1875 (28,756) und 1912 (128,014). In addition, numerous industrial communities sprang up in what had formerly been rural areas.

For many centuries, the Vogtland has enjoyed a reputation as an important centre of traditional lace and embroidery production. It was above all Plauen that became famous world wide for its lace-making, and Plauen lace-makers were awarded the Grand Prix at the Exposition Universelle in Paris in 1900. Nowadays, the town hall of Plauen houses an especial visitor attraction - the only Lace Museum in the whole of Germany.

Musical instruments from the Upper Vogtland are a byword among musicians in all parts of the world. The tradition of instrument-making in Markneukirchen, Klingenthal and the surrounding area was started by Bohemian migrants over 300 years ago. By 1700, the violin-makers had formed themselves into a guild with no less than thirty members. The production of woodwind instruments began ten years later, and in 1777, the makers of strings formed their own guild. When guitar production started around 1800, the makers of plucked string instruments also founded an independent guild. In the mid-18th century, production started on the first brass instruments and as a parallel development, the production of bows for stringed instruments. From the mid-19th century zithers were also manufactured here. It was about this time that completely new instruments in the form of the harmonica and the accordion came into fashion, and when the production of both began in Klingenthal, it resulted in a considerable decline in more traditional crafts. Harmonicas have been produced in Klingenthal since 1829, and when the making of accordions began in 1852,

la région des baillis (der Vogt: le bailli).
L'apogée du règne se situe sous l'empereur Louis IV (1282-1347) qui leur confirma en 1329 tous leurs droits de souveraineté - fait unique dans l'histoire allemande.

La production industrielle, surtout marquée dans le Vogtland par l'industrie textile, se développe dans les villes déjà existantes, dont les superficies et la population augmentent d'une façon explosive, surtout depuis le milieu du XIX s. Ainsi le nombre d'habitants de Plauen fut multiplié par plus de quatre entre 1875 (28 756) et 1912 (128 014). Dans les contrées jusque là rurales de nombreux villages devinrent des cités industrielles.

Le Vogtland est considéré comme un centre important et de tradition séculaire pour la fabrication de la dentelle et de la broderie. Plauen notamment acquit une notoriété mondiale grâce à ses dentelles. Lors de l'Exposition Universelle de Paris en 1900, les ateliers de dentelle de Plauen obtinrent pour leurs produits le «Grand Prix». Le seul musée allemand de la dentelle accueille les visiteurs dans l'ancien hôtel de ville de Plauen.

Les instruments de musique du Vogtland Supérieur ont une excellente réputation sur tous les continents. Il y a plus de 300 ans, des émigrants de Bohème instaurèrent cette tradition de la fabrication d'instruments de musique à Markneukirchen et Klingenthal. La corporation des fabricants de violons qu'ils avaient créée regroupait déjà 30 membres en 1700. Dix ans plus tard commença la fabrication d'instruments à vent en bois, en 1777 les fabricants de cordes formèrent une corporation. Avec les débuts de la production de guitares vers 1800, la fabrication des instruments à cordes devint une corporation indépendante. Vers le milieu du XVIII s., on fabriqua les premiers instruments à vent en métal. En parallèle

Mundharmonikas werden dort seit 1829 gefertigt, die 1852 einsetzende Herstellung von Akkordeons legte den Grundstein für den Aufstieg Klingenthals zum Weltzentrum des Harmonikabaus. Seinen Gipfelpunkt erreichte der vogtländische Musikinstrumentenbau vor dem Zweiten Weltkrieg, damals stammten 80 Prozent der weltweit hergestellten Musikinstrumente aus Werkstätten des oberen Vogtlandes. In der DDR wurde an diese Traditionen angeknüpft und heute können die obervogtländischen Musikinstrumentenbauer wieder für sich in Anspruch nehmen, sämtliche Orchesterinstrumente zu produzieren. Das Musikinstrumentenmuseum in Markneukirchen zeigt einen einmaligen Fundus von über 3.000 Instrumenten.

Eine führende Rolle in der deutschen Teppichindustrie spielte über Jahrzehnte die Stadt Oelsnitz. Der aus Düren im Rheinland stammende Wilhelm Carl Koch gründete hier 1880 mit seinem Schwager Fritz de Kock ein Unternehmen, das sich bald auf die Fabrikation von Axminsterteppichen nach den persischen Originalen spezialisierte. Unter dem Markennamen „Oelsnitzer Halbmondteppich" wurden diese Teppiche in viele Länder rund um den Globus verkauft.

Im südlichen Vogtland liegen die beiden einzigen sächsischen Staatsbäder, Bad Elster und Bad Brambach, mit ihren heilsamen Radonquellen, deren Wirkung bereits im 16. Jh. bekannt war.

Aus der Vielzahl sehenswerter Bauwerke im Vogtland ragen vor allem die imposanten Brücken heraus. Die von 1846 bis 1851 entstandene Göltzschtalbrücke in Mylau gilt als größte Ziegelsteinbrücke der Welt. 26 Millionen Ziegelsteine wurden in dem Viadukt verbaut. Wenige Kilometer südwestlich überspannt ihre „kleine Schwester", die zur gleichen Zeit errichtete Elstertalbrücke, das Tal der Weißen Elster. Seit 1993 verbindet die in den 30er Jahren unvollendet gebliebene Autobahnbrücke bei Pirk,

the foundations were laid for the development of Klingenthal as a world-famous centre of harmonica and accordion manufacture. The production of musical instruments here reached its peak between the two World Wars, when a staggering 80% of the world's musical instruments originated in the workshops of the Upper Vogtland. The tradition was revived in the former German Democratic Republic, and nowadays the specialists of the Upper Vogtland can once more claim to produce the whole range of orchestral instruments. The Musical Instrument Museum in Markneukirchen houses a unique collection of 3,000 exhibits.

For decades the town of Oelsnitz played a leading role in the carpet industry in Germany. In 1880, Wilhelm Carl Koch, from Düren in the Rhineland, founded a company together with his brother-in-law Fritz de Kock, and soon their factory was concentrating on the production of Axminster carpets modelled on Persian originals. These carpets were sold in many countries round the world under the brand name of 'Oelsnitzer Halbmondteppich' [Oeslnitz Half-Moon carpets].

Bad Elster and Bad Brambach, the only state health resorts of the region, are situated in the southern Vogtland. Both have medicinal radon springs whose healing properties were recognised as early as the 16th century.

Of the large numbers of buildings of architectural interest in the Vogtland, the most impressive are surely the region's bridges. The Göltzschtal viaduct in Mylau, built between 1846 and 1851, is the world's largest brick bridge, and twenty-six million bricks were used in its construction. Just to the south-west we find its 'little sister', the Elstertal viaduct, erected at the same time over the valley of the Weisse Elster. An autobahn viaduct near Pirk which was started in the nineteen-thirties and finally completed in 1993 now carries the A 72 highway connecting the Free

commença la fabrication des archets, à partir du milieu du XIX siècle on fabriqua aussi des cithares. A la même époque, de nouveaux instruments tels que l'harmonica et l'accordéon devinrent à la mode et leur production à Klingenthal fit beaucoup reculer celle d'autres artisanats traditionnels. La fabrication des harmonicas à partir de 1829, et d'accordéons à partir de 1852 annonçait le début d'un essor dont l'apogée se situe avant la Seconde Guerre mondiale: à cette époque 80% des instruments de musique fabriqués dans le monde sortaient des ateliers du Vogtland Supérieur. Dans l'ancienne RDA on poursuivit cette tradition et aujourd'hui les fabricants du Vogtland peuvent à nouveau s'enorgueillir de produire tous les instruments de l'orchestre. Le musée des instruments de musique à Markneukirchen montre un fonds exceptionnel de 3000 instruments.

La ville de Oelsnitz joua pendant des siècles un rôle essentiel dans l'industrie allemande des tapis. Dans cette ville, Wilhelm Carl Koch fonda en 1880 avec son gendre Fritz de Koch une entreprise qui se spécialisa rapidement dans la fabrication de tapis Axminster d'après d'authentiques tapis persans. Ses tapis sont vendus à travers le monde dans de nombreux pays sous la marque «Tapis du Croissant de Oelsnitz».

On peut trouver dans le Vogtland méridional les deux seules stations thermales de Saxe, Bad Elster et Bad Braumbach, avec leurs sources bienfaisantes au radon, dont on connaît les propriétés depuis le XVI siècle. Parmi les nombreux monuments du Vogtland, on s'intéressera particulièrement aux ponts imposants. Le pont Göltzschtal à Mylau, construit entre 1846 et 1851 est considéré comme le plus grand pont en briques du monde. On a utilisé pour construire ce viaduc 26 millions de briques. A quelques kilomètres au sud-ouest, son «petit frère» construit à la même époque, le pont Elstertal, enjambe la vallée de l'Elster Blanche. Depuis 1993

mit 635 Metern Länge und 60 Metern Höhe eine der größten in Deutschland, die Freistaaten Sachsen und Bayern (A 72). Vervollständigt wird das vogtländische Brückenquartett durch die 1905 eingeweihte Friedensbrücke in Plauen, die das Syratal in einem Bogen von 90 Metern Weite überspannt und damit als eine der größten Spannbogenbrücken der Welt gilt.

Eng mit dem Vogtland verbunden sind die Namen vieler Persönlichkeiten aus Vergangenheit und Gegenwart. Der Theologe und Astronom Georg Samuel Dörffel (1643-1689) lebte in Plauen. Er erkannte mit einfachsten Instrumenten, fünf Jahre bevor Newton seine Gravitationstheorie formulierte, dass sich Kometen in Parabelbahnen um die Sonne bewegen. Der Verfasser des berühmt gewordenen „Andreas-Hofer"-Liedes Julius Mosen (1803-1867) wurde im vogtländischen Dorf Marieney geboren, gut 100 Jahre zuvor hatte die große deutsche Theaterreformatorin Frederike Caroline Neuber (1697-1770) in Reichenbach das Licht der Welt erblickt.

Wernesgrün sollte nicht nur Bierkennern ein Begriff sein. Hier stand auch die Wiege von Johann Andreas Schubert (1808-1870), des Konstrukteurs der ersten deutschen Lokomotive „Saxonia" und Architekten der Göltzschtalbrücke. Der bekannte Zeichner Erich Ohser veröffentlicht unter dem Pseudonym „e.o.plauen" seine Vater-Sohn-Geschichten, die Generationen von Lesern zum Schmunzeln brachten. Auch er stammt aus dem Vogtland, ebenso wie Sigmund Jähn und Ulf Merbold, die beiden ersten Deutschen im All, die ihre Kindheit in Morgenröthe-Rautenkranz bzw. Greiz verlebten. Der Volksmusikstar Stefanie Hertel in Oelsnitz ist weit über die Grenzen des Vogtlandes bekannt und trägt mit stimmungsvollen Liedern die Kunde vom heimatlichen Vogtland in alle deutsche Regionen.

State of Saxony with Bavaria. With a length of 635 metres and a height of 60 metres, it is one of the biggest in Germany. The last of the Vogtland bridge quartet is the Friedensbrücke [Peace Bridge] in Plauen, which came into operation in 1905. This 90-metre wide bridge spanning the valley of the Syra is one of the largest of its kind in the world.

There are many close connections between the Vogtland and famous names from the past and present. Five years before Isaac Newton formulated his theory of gravity, the theologian and astronomer Georg Samuel Dörffel (1643–89), who lived in Plauen, established with the use of simple instruments that comets pass through the solar system in a parabolic orbit. Julius Mosen (1803–67), composer of the famous 'Andreas Hofer' song, hailed from the village of Marieney in the Vogtland; just over a century before, the great German theatre reformer Frederike Caroline Neuber (1697–1770) was born in Reichenbach.

Wernesgrün is a name that should be more than just a household word for beer-drinkers, for it is also the birthplace of the engineer Johann Andreas Schubert (1808-70). Schubert not only constructed the 'Saxonia', the first German locomotive, but was also the architect of the Göltzschtal viaduct. The 'Father and Son' stories, wry tales that have amused generations of Germans, were written and illustrated by the famous graphic artist Erich Ohser, under the pseudonym of e. o. plauen. Ohser was a native of the Vogtland, as were Sigmund Jähn and Ulf Merbold, the first Germans to be launched into space; these two latter spent their childhood in Morgenröthe-Rautenkranz and Greiz respectively. The folk music star Stefanie Hertel, who comes from Oelsnitz, is well-known beyond the borders of the Vogtland, and her expressive songs convey the spirit of her homeland out into the farthest corners of Germany.

le pont d'autoroute près de Pirk - un des plus grands d'Allemagne avec ses 635 mètres de long et 60 mètres de haut - relie via la A 72 les Länder de Saxe et de Bavière. Le quartette des ponts du Vogtland est complété par le Friedensbrücke (pont de la paix) à Plauen, inauguré en 1905 et qui tend son arc de 90 mètres au-dessus de la vallée de la Syra, ce qui en fait un des plus grands ponts en arc du monde.

On associe au Vogtland le nom de nombreuses personnalités du passé et du présent. Le théologien et astronome Georg Samuel Dörffel (1643 - 1688) vivait à Plauen. Il découvrit au moyen d'instruments rudimentaires, cinq ans avant que Newton ait formulé sa théorie de la gravitation, que les comètes se déplacent autour du soleil sur des trajectoires parallèles. L'auteur de la célèbre chanson «Andreas Hofer», Julius Mosen (1803 - 1867), est né dans le village du Vogtland Marieney. Plus de 100 ans auparavant, la grande réformatrice allemande du théâtre Frédérique Caroline Neuber (1697 - 1770) avait vu le jour à Reichenbach.

Wernesgrün ne devrait pas être connu des seuls amateurs de bière. C'est là que naquit Johann Andreas Schubert (1808 - 1870), le constructeur de la locomotive allemande Saxonia et l'architecte du pont Göltzschtal. Le dessinateur célèbre Erich Ohser publia sous le pseudonyme «e.o.plauen» ses histoires père - fils qui amusèrent des générations de lecteurs. Lui aussi est originaire du Vogtland, tout comme Sigmund Jähn et Ulf Merbold, les deux premiers allemands dans l'espace, qui passèrent leur enfance respectivement à Morgenröthe-Rautenkranz et Greiz. La star de la musique populaire Stefanie Hertel de Oelsnitz est connue bien au-delà des frontières du Vogtland et transmet à travers ses chansons évocatrices le charme du Vogtland en Allemagne.

ZIETHEN-PANORAMA VERLAG
D-53902 Bad Münstereifel · Flurweg 15
Telefon: 0 22 53 - 60 47 · Fax: 0 22 53 - 67 56
www.ziethen-panoramaverlag.de

1. Ausgabe

Redaktion und Buchgestaltung: Horst Ziethen
Texte: Dr. Andreas Krone
Englische Übersetzung: Gwendolen Webster
Französische Übersetzung: Maryse Quézel

Gesamtherstellung:
ZIETHEN-Farbdruckmedien GmbH, D-50999 Köln
www.ziethen.de

Buchbindung: Leipziger Großbuchbinderei

Printed in Germany

ISBN 3-929932-73-3

BILDNACHWEIS / TABLE OF ILLUSTRATIONS / TABLE DES ILLUSTRATIONS

	Seiten:
BA Punctum/Szyszka	Titel, 9, 10, 12, 16, 18/19, 20, 24, 26, 27, 29, 30/31, 33, 38, 42, 57, 58, 66
BA Punctum/Krammisch	11, 41, 59
BA Punctum/Franke	50, 63, 64
Manfred Lohse	13, 25, 32, 35, 40, 54, 55, 60
Thomas Harbig	14, 15, 21 u.Rücktitel, 22, 23, 61, 62, 65, 67, 68, 69, 70, 71
Museum Drachenhöhle	17
Dick-Foto	28, 48, 53
Andreas Wetzel	34, 36, 39, 56
Siegfried Gläß	37, 47, 49, 51, 52
Kiez Waldpark Grünheide	43
Deutsche Raumfahrtausstellung	44, 45, 46
Stadt Hof	72

KARTEN-NACHWEIS

Vor- und Nachsatzseiten: Vogtland-Karte mit freundlicher Genehmigung des "Vogtland-Blick", Plauen
Grafik von SATZART Plauen

Die Vogtlandmetropole Plauen ist vor allem durch ihre Spitzen bekannt. Die enorm expandierende Textilindustrie um die Wende vom 19. zum 20. Jh. führte zum raschen Aufstieg der Stadt im Tal der Weißen Elster. Zwischen 1871 und 1912 verfünffachte sich die Einwohnerzahl auf über 128.000. Heute leben etwa 70.000 Menschen in Plauen. Neben zahlreichen Zeugen der Spitzen- und Stickereiherstellung bestimmen historische Bauwerke wie das Alte Rathaus mit seinem ansehnlichen Renaissance-Giebel und das 1727-1730 erbaute Malzhaus das Stadtbild.

Plauen, the principal town of Vogtland, is above all famous for its lace. The enormous growth of the textile industry around 1900 led to the rapid expansion of the town in the valley of the Weisse Elster. From 1871 to 1912 the population increased five-fold to over 128,000 inhabitants. Today about 70,000 people live in Plauen. Apart from numerous reminders of the lace and embroidery industries, there are many historic buildings such the Old Town Hall, with its attractive Renaissance gabling, and the Malzhaus [malt house], built between 1727 and 1730.

Plauen, la métropole du Vogtland, est connue pour ses dentelles. L'essor de l'industrie textile à l'aube du XX siècle conduisit au développement de la ville située dans la vallée de l'Elster Blanche. Entre 1871 et 1912 le nombre de ses habitants quintupla pour atteindre 128 000. Aujourd'hui Plauen compte environ 70 000 habitants. A côté de nombreux témoignages sur les dentelles et les broderies, l'ancien hôtel de ville avec son très beau fronton Renaissance et la malterie construite entre 1727 et 1730 façonnent l'image de cette ville.

Zu den Sehenswürdigkeiten Plauens zählen die 1122 geweihte Kirche St. Johannis, das älteste urkundlich erwähnte Bauwerk der Stadt, die barocke Lutherkirche, das 1898 eröffnete klassizistische Vogtland-Theater und der Nonnenturm am Tunnel als Teil der einstigen Stadtbefestigungsanlagen. Das Alte Rathaus beherbergt das einzige deutsche Spitzenmuseum. Seit Mitte der 90er Jahre erinnert die Städtische Galerie e. o.-plauen an Erich Ohser, einen großen Sohn der Stadt. Über 40 Jahre Tradition hat das Spitzenfest, das immer im Juni stattfindet.

Plauen's visitor attractions include St. Johannis' Church - consecrated in 1122 and the oldest officially recorded building in the town - the Baroque Lutheran church, the Neo-Classical Vogtland Theatre, opened in 1898, and the Nun's Tower, a relic of the town's defences. The Old Town Hall houses a Lace Museum, unique in Germany, and since the mid-nineties the municipal e.o. plauen gallery has paid tribute to the work of Erich Ohser, a famous son of the town. The Plauen Lace festival, held in June, has been an annual event for over 40 years.

On remarque parmi les curiosités de Plauen l'église St- Johannis consacrée en 1122, (plus ancien monument mentionné), l'église baroque Luther, le théâtre classique Vogtland inauguré en 1898 et la tour «Nonnenturm am Tunnel» faisant partie des anciennes fortifications. L'ancien hôtel de ville abrite l'unique musée de la dentelle d'Allemagne. Depuis les années 90, la galerie municipale «e.o. plauen» rend hommage à Erich Ohser, fils célèbre de la ville. La fête de la dentelle est une tradition depuis plus de quarante ans, elle a lieu en juin.

MESSBACH STRASSBERG

Das Herrenhaus des ehemaligen Reitgutes von Messbach, seit 1994 Plauener Stadtteil, kann als besonders gelungenes Beispiel einer privaten Sanierung gelten. Heute wohnen mehrere Familien in dem Anwesen. – Straßberg, 1999 ebenfalls eingemeindet, machte in den vergangenen Jahren besonders durch seine viel beachteten Kirchenkonzerte von sich reden. Von besonderem Wert ist die Orgel des ab 1576 erbauten Gotteshauses, die zu Beginn des 19. Jh. von dem bekannten Adorfer Orgelbauer Trampeli für 900 Thaler angeschafft wurde

MESSBACH STRASSBERG

The manor of the former hunting estate of Messbach, which in 1994 was incorporated into the borough of Plauen, is an exceptionally successful example of private renovation. Today, several families reside here. – Strassberg, part of Plauen since 1999, has made a name for itself in the last years through its highly acclaimed church concerts. The church itself dates from 1576 and its organ is particularly valuable. It was acquired at the beginning of the 19th century from the renowned organ builder Trampeli, from Adorf, for the sum of 900 thaler.

MESSBACH STRASSBERG

La maison seigneuriale de l'ancienne propriété de chasse de Messbach, devenue en 1994 un quartier de Plauen, peut être considérée comme une réussite en matière de rénovation privée. Aujourd'hui plusieurs familles habitent ce bâtiment. Strassberg, également rattachée à Plauen depuis 1999, attira l'attention ces dernières années surtout par ses concerts d'église très remarqués. L'orgue de l'église construit en 1576 présente un grand intérêt, il fut acheté pour 900 thalers au célèbre facteur d'orgues Trampeli originaire de Adorf.

SYRAU, Turmholländer-Windmühle

Verlässt man Syrau in nördliche Richtung, so führt der Weg an der einzigen noch erhaltenen Windmühle des Vogtlandes vorbei. Sie fiel 1887 einem Brand zum Opfer und wurde noch im selben Jahr als Turmholländermühle wieder aufgebaut. 1969/1970 und 1979/1982 in zwei Etappen als technisches Denkmal rekonstruiert und museal gestaltet, gewährt die Mühle heute einen Einblick in die handwerklichen Fähigkeiten der früheren Zeit und in die ehemalige Arbeitsweise des Müllers. Von ihrem Standort bietet sich ein herrlicher Rundblick über die Vogtlandhöhen.

SYRAU, Dutch windmill

If you leave Syra in a northerly direction, your route will take you past the only surviving windmill in the Vogtland. It was destroyed by fire in 1887 and rebuilt in the same year in the style of a Dutch mill. It was then reconstructed as a technical monument in two stages, from 1969-70 and from 1979-82, and its interior was converted to a museum. Today the mill gives visitors an insight into the working methods of the miller and the techniques of craftsmen in bygone ages. From the mill there are splendid panoramic views over the heights of the Vogtland.

SYRAU, moulin à vent

Lorsque l'on quitte Syrau en direction du nord, on passe devant le seul moulin à vent conservé du Vogtland. Il fut victime d'un incendie en 1887 et reconstruit la même année comme moulin hollandais à tour. La reconstruction de ce monument technique se fit en deux étapes, en 1969/1970 et 1979/1982, ce moulin fut aménagé en musée. Il présente les anciens savoir-faire artisanaux et le travail des meuniers d'autrefois. Son point de vue offre un panorama magnifique sur les hauteurs du Vogtland.

SYRAU, „Elefantenohr"

Als am 14. März 1928 bei Steinbrucharbeiten in Syrau der Sohn des Bruchmeisters, Willy Undeutsch, eine Erdspalte freilegte, ahnte noch niemand, dass sie in die schönste Tropfsteinhöhle Sachsens führt. In der Rekordzeit von knapp einem halben Jahr wurde sie der Öffentlichkeit zugänglich gemacht. Während einer 40 Minuten dauernden Führung durch die Drachenhöhle, deren Name sich von einer Sage ableitet, erhält der Naturfreund einen nachhaltigen Eindruck von den unterirdischen Schönheiten: Sinterschmuck, klare Seen und eine Besonderheit - Lehmkegel an den Höhlenwänden.

SYRAU, The 'Elephant's Ear'

When, on 14 March 1928, during routine operations at Syrau quarry, Willy Undeutsch, the son of the quarrymaster, uncovered a crevice in the earth, nobody imagined that it would lead to the finest limestone caverns in Saxony. They were opened to the public in the record time of just under six months. The 40-minute tour of the Dragon's Cave, named after an old legend, leaves nature-lovers with a lasting impression of subterranean beauty: gleaming limestone formations, limpid lakes and an unusual feature, strange striated cones on the cave walls.

SYRAU, "oreille d`élèphant"

Lorsque le 14 mars 1928, pendant des travaux à la carrière de Syrau, le fils du maître-carrier, Wilhelm Undeutsch, mit à jour une ouverture, personne ne se doutait alors qu'elle conduisait à l'une des plus belles grottes de Saxe. Elle fut ouverte au public en un temps record, à peine six mois. Pendant une visite de 40 minutes de la grotte du Dragon, dont le nom est inspiré d'une légende, l'amateur de nature est impressionné par les beautés souterraines: des concrétions, des lacs limpides et une particularité - des quilles d'argile accrochées aux parois de la grotte.

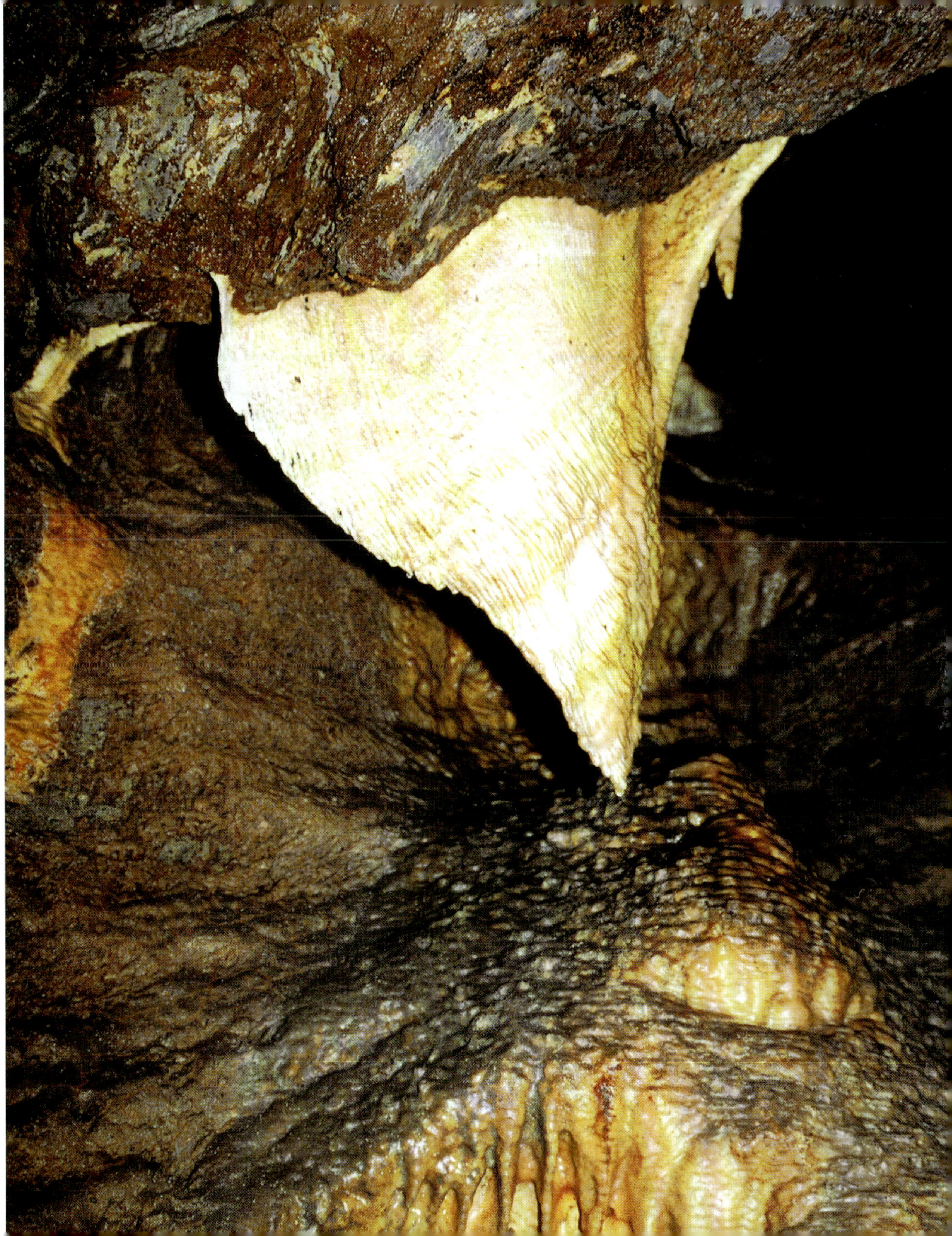

Die Talsperre Pöhl, auch „vogtländisches Meer“ genannt, ist mit 64,3 Millionen Kubikmetern Stauinhalt der größte Badesee Sachsens. Das Gewässer wird umsäumt von einem knapp 4.000 Hektar großen Landschaftsschutzgebiet. Pöhl gehört zu den gefragtesten Sommerurlaubs- und Freizeitzielen im Freistaat. Kenner bezeichnen den vielfach ausgezeichneten Campingplatz „Gunzenberg“ als einen der schönsten im gesamten Bundesgebiet. Hier lässt es sich vorzüglich in der Sonne faulenzen, Sport zu Land oder zu Wasser treiben oder wandern.

The Pöhl reservoir, the 'sea of Vogtland', is Saxony's largest bathing lake. It has a capacity of 64.3 million cubic metres and is bordered by nearly 4,000 hectares of nature reserve. Pöhl is one of the most popular summer resorts and leisure centres in Saxony, and those in the know describe the multiple-award-winning Gunzenberg campsite as one of the most beautiful in all Germany. It is a splendid place to laze around enjoying the sunshine, while the more active can participate in land and water sports and explore the unspoiled environment on foot.

Le barrage de Pöhl, appelé aussi la «Mer du Vogtland», est avec ses 64,3 millions de mètres cube le plus grand lac de baignade en Saxe. Cette étendue d'eau est entourée d'une zone protégée de presque 4 000 hectares. Pöhl compte parmi les destinations de vacances et de loisirs les plus recherchées du Land. Les connaisseurs décrivent le camping «Gunzenberg» maintes fois récompensé comme l'un des plus beaux de toute l'Allemagne. Idéal pour paresser au soleil, pratiquer sports de plein air ou aquatiques et se promener dans une nature préservée.

Vom Frühjahr bis in den goldenen Herbst hinein bietet die Umgebung um die Talsperre Pöhl reizvolle Naturerlebnisse. Idyllisch gelegen, entdeckt man im Elstertal den „Lochbauer", in dem Wanderer und Fahrensleut' seit viereinhalb Jahrhunderten Rast machen. Weitere Ausflugsziele sind die Elstertalbrücke, Burgruine Liebau und das Naturschutzgebiet „Steinicht". Wer sich die Mühe macht und den Aussichtsturm „Julius Mosen" auf dem Eisenberg erklimmt, wird mit einem herrlichen Panoramablick auf die Talsperre Pöhl und die Vogtländische Schweiz belohnt.

From spring to golden autumn, the area round the Pöhl reservoir offers the visitor a series of pleasurable scenic encounters. In an idyllic spot in the Elster valley stands the pretty 'Lochbauer' inn, a resting place for walkers and travellers for over four centuries. Other sights include the bridge over the Elster valley, the ruined castle of Liebau and the Steinicht nature reserve. Anyone with sufficient energy to climb to the top of the Julius Mosen tower on the Eisenberg will be rewarded with a superb panoramic view of the Pöhl reservoir and Vogtland's 'little Switzerland'.

Du printemps jusqu'aux ors de l'automne, les environs du barrage Pöhl offrent de merveilleuses surprises. Dans la vallée de l'Elster, les randonneurs et les voyageurs font halte depuis quatre siècles et demi à la ferme Loch. Le pont de la vallée de l'Elster, le château Liebau en ruines et le parc naturel «Steinicht» sont d'autres buts de promenade. Celui qui se donnera la peine de grimper sur le Eisenberg jusqu'au belvédère «Julius Mosen» sera récompensé par le panorama merveilleux du barrage de Pöhl et de la Suisse du Vogtland.

Schmuckstück des „vogtländischen Meeres" ist zweifelsohne das 1995 eröffnete, großzügig gestaltete Naturfreibad mit Sportstätten, Kinder- und Erlebnisspielplätzen sowie gepflegter Gastronomie. Segeln, surfen, rudern, wassertreten - die Möglichkeiten für Wassersportler sind in Pöhl sehr vielfältig. Die Landschaft von See aus erkunden kann man aber auch als weniger Sportbegeisterter während einer Schiffsrundfahrt über die Talsperre. Die MS „Plauen" und die MS „Pöhl" legen von April bis Oktober im Stundentakt ab.

The jewel of the 'Sea of Vogtland' is without doubt the natural open-air lido. Opened in 1995, it is set in extensive grounds which offer facilities such as a sports centre, children's areas, adventure playgrounds and also excellent restaurants. There are numerous opportunities for watersports, including sailing, surfing, rowing and paddle-boating. Less energetic visitors can explore the landscape from the water by taking a boat trip around the reservoir. Two pleasure boats, the MS Plauen and the MS Pöhl, run every hour from April to October.

Le joyau de la «Mer du Vogtland» est sans conteste le plan d'eau naturel inauguré en 1995 et bien aménagé avec des aires de sport, de jeux, des parcours d'aventures mais aussi de bons restaurants. Voile, surf, aviron, pédalo - les possibilités offertes aux amateurs de sports aquatiques sont variées. Les moins sportifs pourront cependant profiter du paysage qui entoure le barrage: les deux bateaux, le «Plauen» et le «Pöhl», lèvent l'ancre toutes les heures d'avril à octobre.

Im Spiegel der Wasserfläche setzt sich die Natur in der Morgendämmerung faszinierend in Szene. Bei Tage zeigt sich die Landschaft im unberührten Triebtal von ihrer schönsten Seite. Wenige Minuten entfernt von der Mündung in die Weiße Elster erreicht man den Lochbauernhof. Dieses Fachwerkhaus im fränkischen Baustil mit typischem Dreiseitenhof wurde 1648 erbaut und 1937 unter Denkmalschutz gestellt. Heute ist der „Lochbauer" als Gaststätte ein Anziehungspunkt für Wanderer und Ausflügler.

Nature sets the scene here, with the endlessly fascinating picture of the setting sun mirrored in the waters of the lake. It is during the day that the unspoiled valley of Triebtal shows itself to best advantage. Only a few minutes' walk away from the confluence of the river with the Weisse Elster stands the Lochbauernhof. This is a fine half-timbered house in Franconian style, with two wings and a central courtyard. It was built in 1648 and in 1937 was designated a historical monument. Today the 'Lochbauer' restaurant is popular with walkers and day-trippers.

Reflétée dans l'eau, la nature au soleil couchant brille de mille feux. En journée le paysage préservé de la vallée Triebtal se montre sous son meilleur aspect. A quelques minutes de l'embouchure dans l'Elster Blanche on atteint la ferme Loch. Cette maison à colombages dans le style architectural de la Franconie avec sa cour typique à trois côtés fut construite en 1648 et classée monument historique en 1937. De nos jours la «Lochbauer» est devenue une auberge qui attire randonneurs et touristes.

Leider nur als Ruine erhalten geblieben ist das Wasserschloss zu Mechelgrün. 1267 erstmals urkundlich erwähnt, stieg Mechelgrün bis zum 15. Jh. zur größten Herrschaft im Vogtland auf. Derzeit existieren Pläne für einen Wiederaufbau des Schlosses als Hotel. – Der Plauener Stadtteil Jößnitz, vor einigen Jahren eingemeindet, hat sich zu einem staatlich anerkannten Erholungsort herausgemacht. Vor dem 1320 erbauten Schloss ist nur das Jägerhaus mit seinem Dachreiter erhalten geblieben. Als Wahrzeichen des Ortes grüßt es hoch von einem Felssporn.

Sadly, the moated castle of Mechelgrün is now no more than a ruin. The first documentary evidence of the castle dates from 1267, and by the 15th century Mechelgrün had become the most powerful demesne in Vogtland. Plans are now being drawn up to convert the ruins to a hotel. – Jössnitz, which is now part of Plauen, has built up a reputation as a state registered health resort. Jössnitz castle, dating from 1320, exists no more, and only the hunting lodge with its roof turret remains. Set on a spur of rock above the town, it is a familiar local landmark.

Du château fort entouré d'eau de Mechelgrün ne restent malheureusement que des ruines. Mentionné pour la première fois en 1267, Mechelgrün demeura jusqu'au XV siècle le plus grand fief du Vogtland. Des projets actuels envisagent de reconstruire le château pour en faire un hôtel. Le quartier Jössnitz, rattaché à Plauen il y a quelques années, est devenu une maison de repos agréée par l'état. Du château construit en 1320 ne reste que le pavillon de chasse avec son clocheton. Dressé sur un éperon rocheux, cet emblème de la localité salue avec hauteur.

„Erdachsenstadt" - diesen Beinamen hören die 4.300 Einwohner von Pausa gern. Mit dem ersten gläsernen Globus auf dem Rathausdach. 1934 erhielt die Stadt ihr Wahrzeichen als „Mittelpunkt der Erde". Die „Erdachse" tritt symbolisch in einem Kellerraum des Rathauses hervor. Hier kann der Besucher die Rotation der „Erdachse" beobachten, diese über eine Automatik selbst mittels „Erdachsenschmiere" ölen und so den Lauf der Welt mitbestimmen. Der Schmiervorgang wird von der Erdachsendeckelscharnierschmiernippel-Kommission zu Pausa e.V. überwacht.

The 'earth-axis town' is an epithet that the 4,300 inhabitants of Pausa always like to hear. The first glass globe was placed on the town hall roof in 1934, providing Pausa with a new landmark and establishing it as the 'centre of the Earth'. A symbolic version of the earth axis is situated in the town hall basement, where visitors can observe the rotating globe and assist its smooth running by activating a mechanism to grease it with 'earth axis oil'. The greasing procedure is supervised by the Earth Axis Cover Hinge Lubricating Nipple Commission of Pausa.

Pausa est surnommée «La ville de l'axe de la terre» à la grande joie de ses 4300 habitants. Avec l'installation du premier globe en verre sur la mairie en 1934, la ville reçut son emblème de «centre de la terre». «L'axe de la terre» sort symboliquement d'une cave de la mairie. Le visiteur peut y observer sa rotation, huiler lui-même, grâce à un automatisme, cet »axe« avec de »la graisse pour axe de la terre« et contribuer ainsi au mouvement du monde. Ce graissage est contrôlé par la commission »Graissage du couvercle à charnières de l'axe de la terre de Pausa«.

Ein Abstecher nach Elsterberg lohnt sich insbesondere für Besucher, die an der Geschichte des Vogtlands interessiert sind. Hier treffen sie auf die größte Burgruine der Region. Die Feste wurde vor 1225 von den Herren von Lobdeburg erbaut. Mitte des 14. Jh. eroberte Kaiser Karl IV. das mächtige Gemäuer. Bis 1366 wurde die Burg vergrößert und mit fünf Flankierungstürmen und doppelter Ringmauer versehen. Die Burgruine (Seite 26) ist mit 1,5 Hektar bebauter Fläche eine der weiträumigsten ihrer Art in Sachsen.

A detour to Elsterberg is especially worthwhile for visitors interested in the history of the Vogtland. The region's largest castle ruins stand here, all that is left of a fortress built by the Lords of Lobdeburg before 1225. In the mid-14th century, its mighty walls failed to withstand the onslaughts of Emperor Charles IV; by 1366 it had been enlarged and provided with five flanking towers and a double ring wall. Today the remains of this huge fortification (see p. 26), which cover an area of over 1.5 hectares, are among the most extensive in Saxony.

Elsterberg mérite un détour, notamment pour les visiteurs qui s'intéressent à l'histoire du Vogtland. Ils y trouveront le plus grand château en ruines de la région. Cette forteresse construite avant 1225 par les seigneurs de Lobdeburg, fut assaillie au milieu du XIV siècle par l'empereur Charles IV. Jusqu'à 1366 on agrandit le château en y ajoutant cinq tours de flanquement et un double mur d'enceinte. Les ruines (page 26) d'une superficie de un hectare et demi comptent parmi les plus étendues de la Saxe.

Die Elstertalbrücke unweit von Jocketa ist die zweitgrößte Ziegelsteinbrücke der Welt (zwölf Millionen Ziegel) und wird daher als die „kleine Schwester" der Göltzschtalbrücke bezeichnet. Sie entstand von 1846 bis 1851 beim Bau der sächsisch-bayerischen Eisenbahn. Im Unterschied zur vierstöckigen Göltzschtalbrücke besteht die Elstertalbrücke nur aus zwei Etagen mit mehreren großen Einzelbögen. Zwischen den beiden Etagen kann man das 279 Meter lange und 68 Meter hohe Bauwerk überqueren. Die größte Spannweite eines Bogens beträgt 31,15 Meter.

The Elstertal viaduct near Jocketa, built of 12 million bricks, is the second largest brick bridge in the world, and is therefore known as the 'little sister' of the Göltzschtal viaduct. It was constructed between 1846 and 1851 as part of the Saxon-Bavarian railway. In contrast to its four-storey counterpart in Göltzschtal, the Elstertal viaduct consists of two levels made up of a series of broad arches. It is possible to cross the bridge, which is 279 metres long and 68 metres high, on a path between the two levels. The greatest span of a single arch is 31.15 metres.

Le pont de la vallée de l'Elster non loin de Jocketa est le deuxième pont en briques du monde (douze millions de briques) c'est pourquoi on le nomme »le petit frère« du pont Göltzsch. Il fut construit de 1846 à 1851 en même temps que la ligne de chemin de fer de Saxe et de Bavière. Contrairement au pont de la vallée de la Göltzsch, ce pont se compose de deux étages et de plusieurs grands arcs. On peut traverser cet ouvrage long de 279 mètres et de 68 mètres de haut dont la plus grande ouverture d'un arc mesure 31,15 mètres.

Die Stadt Greiz ist das Zentrum des Thüringer Vogtlandes. Als weithin sichtbares Wahrzeichen erhebt sich aus dem Stadtzentrum das Obere Schloss. Im Mittelalter von den kaiserlichen Vögten von Weida, den Herren über das Vogtland, erbaut, wurde es ab 1306 zur ständigen Residenz der Reußen. Bis zum Umzug in das Untere Schloss im Jahre 1848 diente es der älteren Linie des Fürstenhauses Reuß als Wohnsitz. Als beliebtes Ausflugsziel gilt der 1650 angelegte Park mit seltenen Gehölzen und Baudenkmälern wie dem frühklassizistischen Sommerpalais.

The town of Greiz is the centre of that part Vogtland within the state of Thüringen. The Upper Palace, a distinctive landmark above the rooftops of the town centre, was built by the imperial bailiffs of Weida, the rulers of the Vogtland, and from 1306 became the permanent residence of the House of Reuss. Family members of the senior branch of the family lived here until they moved to the Lower Palace in 1848. The park, laid out in 1650, is a favourite tourist attraction, with rare trees and interesting monuments like the Neo-Classical summer palace.

La ville de Greiz est le centre du Vogtland de Thuringe. Le Château Supérieur s'élevant au centre ville est un emblème visible de loin. Construit au moyen-âge par les baillis impériaux de Weida, souverains du Vogtland, il devint en 1306 la résidence permanente de la maison Reuss. Jusqu'au déménagement dans le château Inférieur en 1848 il servit de résidence à la branche aînée de la famille princière Reuss. Le parc aménagé en 1650, avec son palais d'été de style préclassique et ses essences rares est un lieu d'excursion recherché.

In einer Höhe von 78 Metern und mit einer Breite von 574 Metern überspannt die mächtige Göltzschtalbrücke das Tal. Sie wurde von 1846 bis 1851 errichtet, als es den Spannbetonbau noch nicht gab. Für den Bau dieser imposanten vieretagigen Brücke, die größte Spannweite eines Bogens misst 30,9 Meter, benötigte man zirka 26 Millionen Ziegel. Das Schicksal der Elstertalbrücke, die im April 1945 teilweise gesprengt wurde, blieb dem Göltzschtalviadukt erspart, dank dreier Arbeiter aus Mylau, die den Schlüssel für das Pulverhaus der Brücke versteckten und damit die

This vast viaduct, 78 metres high and 574 metres wide, was built across the valley of the Göltzsch between 1846 and 1851, well before the invention of prestressed concrete. About 26 million bricks were required in the construction of this imposing four-storeyed viaduct, whose largest arches have a span of 30.9 metres. Fortunately, it escaped the fate of the Elstertal viaduct, sections of which were blown up in April 1945. Thanks to three workers from Mylau who concealed the key to the gunpowder house, the Göltzschtal viaduct was saved from destruction.

Avec une hauteur de 78 mètres et une largeur de 574 mètres, l'imposant pont Göltzschtal enjambe cette vallée. Il fut construit de 1846 à 1851, à une époque où le béton précontraint n'existait pas encore. On utilisa environ 26 millions de briques pour ce pont imposant de quatre étages, la plus grande ouverture d'un arc mesurant 30,9 mètres. Le destin du pont de la vallée de l'Elster, dynamité en partie en avril 1945, fut épargné au viaduc de la vallée de Göltzsch grâce à trois ouvriers de Mylau qui cachèrent la clef de l'entrepôt des explosifs, sauvant ainsi le pont.

Brücke retteten. Amüsiert lesen wir heute die Entstehungsgeschichte der weltgrößten Ziegelsteinbrücke. 81 Techniker legten dem Direktorium der „Sächsisch-Baierischen Eisenbahn-Compagnie" 1845 ihre Entwürfe vor. Darunter waren die abenteuerlichsten Konstruktionen, sogar riesige Erddämme mit Durchlassöffnungen. Gebaut wurde die Brücke schließlich nach den statischen Berechnungen des Dresdner Professors Johann Andreas Schubert, eines gebürtigen Vogtländers, wobei die Anlehnung an die Altrömische Viaduktbauweise unverkennbar ist.

The origins of the world's largest brick bridge make an entertaining story. In 1845, eighty-one engineers presented their designs to the directors of the Saxon-Bavarian Railway Company. Some of the plans were quite bizarre; one consisted of huge earth embankments pierced with transit tunnels. The viaduct was finally built according to the structural designs of Professor Johann Schubert from Dresden, who was a native of the Vogtland. The similarity to the engineering methods of ancient Roman viaducts is unmistakable.

Nous lisons aujourd'hui en souriant l'histoire de la conception du plus grand pont en briques du monde. En 1845, 81 techniciens remirent au directoire de la »Compagnie des chemins de fer de Saxe et de Bavière« leurs projets. Parmi ceux-ci on trouvait les constructions les plus folles, tels de gigantesques barrages de terre percés d'ouvertures. Le pont fut finalement construit d'après les calculs de statique du professeur de Dresde Johann Andreas Schubert, natif du Vogtland, inspiré des viaducs de l'Antiquité romaine.

Ein herrlicher Blick über Netzschkau bietet sich vom Aussichtsturm auf dem Kuhberg. Das Netzschkauer Schloss zählt zu den ältesten und kunsthistorisch wertvollsten Schlössern im sächsischen Vogtland. Es wurde um 1490 im spätgotischen Stil erbaut und entstand als eines der ersten Wohnschlösser des Adels im sächsischen Raum. - Herausragende Sehenswürdigkeit der Nachbarstadt Mylau ist die am besten erhaltene Burg des sächsischen Vogtlandes. Die um 1180 als romanische Wehranlage erbaute Festung beherbergt heute das größte vogtländische Museum.

The observation tower on the Kuhberg above Netzschkau offers a wonderful view of the town. Schloss Netzschkau is one of the oldest and, art-historically speaking, most significant castles of Saxon Vogtland. It was built in 1490 in Late Gothic style and was one of the first aristocratic residences in Saxony. – The outstanding visitor attraction in the neighbouring town of Mylau is the castle, the best-preserved in Saxon Vogtland. It was built in about 1180 as a Romanesque fortification and today houses the largest museum in the Vogtland.

Un point de vue magnifique sur Netzschkau s'offre depuis le belvédère situé sur le Kuhberg. Le château de Netzschkau est l'un des châteaux les plus anciens et les plus intéressants du Vogtland saxon. Il fut construit vers 1490 en gothique tardif et c'est l'un des premiers châteaux de résidence en Saxe. L'un des attraits de la ville voisine de Mylau est son château fort, le mieux conservé du Vogtland saxon. Cette forteresse construite vers 1180 comme enceinte de défense romaine abrite aujourd'hui le plus grand musée du Vogtland.

REICHENBACH, St. Trinitatis Wasserturm

Aus Reichenbach, der mit etwa 23.000 Einwohnern zweitgrößten Stadt des Vogtlands, stammt Frederike Caroline Neubert, genannt die Neuberin. An die Theaterreformatorin, Prinzipalin einer fahrenden Schauspieltruppe und zugleich an die bedeutendste Schauspielerin des 18. Jh. erinnern das Neuberin-Museum sowie das Kulturzentrum Neuberinhaus. Sehenswert sind weiterhin die barocke Stadtkirche St. Trinitatis am Postplatz mit ihrer Silbermann-Orgel sowie der bereits 1926 unter dem Einfluss des Bauhausstils errichtete Wasserturm, das Wahrzeichen der Stadt.

REICHENBACH, Holy Trinity Church Water tower

Reichenbach, with about 23,000 inhabitants, is the second largest town in the Vogtland, and the birthplace of Frederike Caroline Neubert, known as the Neuberin. Today, the Neuberin Museum and Neuberinhaus cultural centre honour the work of this theatre reformer, who was also the manager of a travelling theatre troupe and the most famous actress of the 18th century. Other sights include the Baroque Holy Trinity church with its Silbermann organ and the water tower, a local landmark built in 1926 and greatly influenced by the Bauhaus style.

REICHENBACH, St. Trinitatis Château d'eau

Reichenbach, la deuxième ville du Vogtland avec ses 23 000 habitants, a vu naître Frederike Caroline Neubert, appelée la Neuberin. Le musée Neuberin ainsi que le centre culturel «Maison Neuberin» rendent hommage à la réformatrice du théâtre, dirigeante d'une troupe de théâtre ambulant et en même temps la plus importante actrice du XVIII siècle. Située Place de la poste, l'église baroque St Trinitatis avec son orgue Silbermann mérite une visite de même que le château d'eau datant de 1926 et d'inspiration Bauhaus, emblème de la ville.

It's showtime im Märchen- und Erlebnispark „Forellenhof" Plohn, dem einzigen Freizeitpark Sachsens. Die große Reit- und Festhalle mit 700 Plätzen bildet die Arena für spannende Vorführungen. Artisten und Kaskadeure entführen das Publikum – in Buffalo Bills Westernshow, Merlins Märchenshow und die Rittershow. Riesig Spaß machen Fahrten in der Wildwasserbahn und in der Western-Eisenbahn oder die Erkundung des Märchenwaldes. Und wer meint, die Saurier wären ausgestorben, muss sich im Dino-Land eines Besseren belehren lassen.

There's no business like show business when it comes to the Forellenhof amusement park, the only one in Saxony. The festival hall, which seats 700, stages exciting performances and horseback events, and here artistes and acrobats thrill their audiences with spectacles like Buffalo Bill's Western Show, Merlin's Fairytale Show and the Knight's Show. Fun for all the family is guaranteed on the white-water rapids, on the Western railroad and in the Fairy-tale Wood, while those who think dinosaurs are extinct may have to revise their opinions in Dino-Land.

C'est l'heure du show dans le parc «contes et aventures Forellenhof Plohn», l'unique parc de loisirs de la Saxe. La grande salle des fêtes de 700 places sert aussi de piste pour des spectacles à suspense. Artistes et cascadeurs font revivre Buffalo Bill, Merlin l'Enchanteur et les chevaliers. On s'amuse beaucoup dans le toboggan à remous, le petit train de l'Ouest ou pendant l'exploration de la forêt des contes. Quant à celui qui pensait les dinosaures disparus, le Dino-Land lui prouvera le contraire.

Die Kleinstadt Treuen war früher ein Zentrum der Weberei. Markante Bauwerke sind das Fachwerkschloss aus dem 16. Jh., das Rathaus sowie die Stadtkirche St. Bartholomäus. Der untere Teil des 48,5 Meter hohen Turmes stammt aus dem 13.Jh. und ist damit das älteste Gebäude im Raum Auerbach. Besondere Kostbarkeiten sind eine Zinnkanne aus dem 19. Jh. sowie eine silberne Hostiendose aus dem Jahr 1730. Vom Perlaser - Turm auf der 495 Meter ü. M. liegenden Wilhelmshöhe genießt man einen schönen Blick auf Treuen.

The little town of Treuen was once a centre of the weaving industry. Among its buildings of note are a 16th century half-timbered mansion, the town hall and St Bartholomew's church. The lower section of the 48.5-metre-high tower was built in the 13th century, making it the oldest building in the Auerbach area. There are two especial treasures; a 19th century pewter jug and a box for communion wafers dating from 1730. Visitors to the Perlaser Tower on the nearby Wilhelmshöhe, 495 metres above sea level, will be rewarded by an excellent view of Treuen.

La petite ville de Treuen était autrefois un centre du tissage. Le château à colombages du XVI siècle, l'hôtel de ville et l'église St Bartholomé sont des monuments marquants. La partie inférieure de la tour de 48,5 mètres date du XIII siècle, c'est le plus ancien édifice dans la région de Auerbach. Un pot en étain du XIX s. ainsi qu'une boîte à hosties en argent de 1730 sont des objets de grande valeur. Depuis la tour «Perlaser-Turm» perchée sur la colline Wilhelmshöhe haute de 495 mètres on jouit d'une vue splendide sur Treuen.

Ein städtebauliches Kleinod besonderer Güte hat Rodewisch mit seiner Schlosshalbinsel zu bieten. Das Ensemble von Gondelteich, Museum und Renaissance-Schlösschen zieht Jahr für Jahr tausende Erholungssuchende aus nah und fern an. Die Weihnachtsausstellung im Museum gehört für viele Vogtländer zum „Pflichtprogramm". Ebenfalls einmalig im Vogtland ist die in Rodewisch 1950 erbaute Schulsternwarte mit Planetarium, die das ganze Jahr über zu öffentlichen Vorführungen und Himmels beobachtungen einlädt.

The Renaissance mansion of Rodewisch, situated on a peninsula, is an architectural jewel. Every year the gondola pond, museum and Renaissance buildings draw thousands of visitors from far and wide who are in search of a calm, restful atmosphere. The museum's annual Christmas exhibition is a must for many people in the Vogtland. Another unique feature of this region is the Rodewisch educational observatory, built in 1950. The planetarium's programme includes demonstrations and astronomical observations, all open to the general public.

Rodewisch propose un petit coin de paradis grâce à son château situé sur une presqu'île. La pièce d'eau et ses embarcations, le musée et le petit palais Renaissance attire chaque année des milliers de touristes à la recherche du calme. L'exposition de Noël organisée par le musée est pour de nombreux habitants du Vogtland «incontournable». Construit en 1950, unique pour le Vogtland, l'observatoire Schulstern avec planétarium propose toute l'année des projections publiques et des observations du ciel.

AUERBACH „Drei-Türme-Stadt"

Weithin sichtbar überragen die Türme des Schlosses, der protestantischen und der katholischen Kirche die Silhouette von Auerbach, was dem Ort den Beinamen „Drei-Türme-Stadt" eingebracht hat. Auerbach ist aber auch die Stadt der weihnachtlichen Gabenbringer. In der Adventszeit kommen hier mehrere hundert Rotkittel zum größten deutschen Weihnachtsmännertreffen zusammen. Während der Sommermonate hingegen steht das Waldbad Brunn mit seiner 66-Meter-Rutsche und dem einzigen 10-Meter-Sprungturm im Vogtland hoch im Kurs (Bild S. 39).

AUERBACH, the three-tower town

They are visible from far and wide, these three towers of the castle, the Protestant church and the Roman Catholic church, and as the dominant feature of the skyline of Auerbach, this trio gave rise to its nickname of the 'Three-Tower-Town'. Auerbach is also Santa's town, for during Advent hundreds of red-coated figures arrive here for the biggest Father Christmas get-together in Germany. – A popular attraction during the summer is the open-air swimming pool in Brunn, with its 66-metre slide and Vogtland's only 10-metre diving board. (see p. 39)

AUERBACH «Ville des trois tours»

On aperçoit de loin les tours du château, celles des églises protestante et catholique qui façonnent la silhouette de Auerbach, et lui valent le surnom de «Ville des trois tours». Auerbach est aussi la ville des porteurs de cadeaux de Noël. Pendant l'Avent plusieurs milliers de houppelandes rouges s'y retrouvent pour le plus grand rassemblement allemand de Pères-Noël. En été la piscine dans la forêt Brunn récolte beaucoup de succès avec son toboggan de 66 mètres et l'unique plongeoir de 10 mètres du Vogtland.

STADT FALKENSTEIN - Text S. 42 ▷

Historische Bauwerke von Rang findet man in Falkenstein. Zu erwähnen sind die Kirche „Zum Heiligen Kreuz", 1869 nach den Plänen des Semper-Schülers Christian Friedrich Arnold fertig gestellt; das Falkensteiner Schloss, ehemaliger Stammsitz der Familie von Trützschler; das älteste Haus der Stadt, „Altes Spital" genannt; und das Rathaus. Der 1953 gegründete Tiergarten bietet etwa 300 Tieren eine Heimat. Liebling der Besucher ist der TV-bekannte Kaiman Sammy, der im 1997 gebauten neuen Tropenhaus ein schmuckes Quartier gefunden hat.

A number of noteworthy historical monuments can be found in Falkenstein. The church of the Holy Cross is certainly worth a mention; completed in 1869, it was designed by Christian Friedrich Arnold, a pupil of the royal architect Semper. In addition there is the Falkenstein Schloss, once the seat of the von Trützschler family, the 'Altes Spital', the oldest house in Falkenstein, and the town hall. The zoo is home to over 300 animals, notably Sammy the cayman, TV star and favourite of the public, who lives in the smart new tropical house built in 1997.

On trouve à Falkenstein des monuments historiques de valeur. Citons l'église Zum Heiligen Kreuz, terminée en 1869 sur les plans de Christian Friedrich Arnold, élève de Semper; le château Falkenstein, ancien siège de la famille Trützschler et plus ancienne maison de la ville, appelée »vieil hospital« ainsi que l'hôtel de ville. Le zoo fondé en 1953 abrite environ 300 animaux. Le préféré des visiteurs est le caïman Sammy, vedette du petit écran, qui en 1997 a prit ses nouveaux quartiers dans la serre tropicale nouvellement construite.

Mitten im Wald in 750 Metern Höhe liegt das Kinder- und Erholungszentrum (KiEZ) Waldpark Grünheide. Ganzjährig werden hier große und kleine Gäste mit verschiedensten Freizeitangeboten fit gehalten. Für jeden gibt es das passende Erholungsprogramm, das man sich individuell oder als Gruppe in den „Disziplinen" Wandern, Langlauf, Fußball, Judo, Billard oder Rodeln zusammenstellen kann. Besonders geeignet ist der Waldpark mit seinen über 300 Betten, verteilt auf mehrere Häuser, für Schullandheimaufenthalte und Klassenfahrten.

In the middle of the forest, at a height of 750 metres, stands the Waldpark Grünheide Child and Recreation Centre. All the year round, the centre keeps visitors of all ages fit by offering a whole range of leisure activities. Each guest receives an individual recreation programme which is carried out either alone or in a group and selected from the following activities: hiking, cross-country skiing, football, judo, billiards, sledging. The Waldpark, with over 300 beds in several houses, is especially recommended for children's leisure activities and school trips.

Au milieu de la forêt, à 750 mètres d'altitude, se trouve le centre de vacances pour enfants »Waldpark Grünheide«. Toute l'année, ce lieu maintient en forme des visiteurs de tout âge. Chacun peut composer le programme de détente qui lui convient, individuellement ou en groupe, en choisissant parmi les »disciplines« randonnée, football, judo, billard ou aviron. Le »Waldpark« avec ses 300 lits répartis dans plusieurs bâtiments est particulièrement bien adapté pour accueillir des classes de découverte et des voyages scolaires.

In Morgenröthe-Rautenkranz scheint die Zeit stehen geblieben zu sein, möchte man als Ortsunkundiger meinen. Vom hektischen Alltag der Gegenwart ist die von dichten, unberührten Wäldern umschlossene Gemeinde offenbar verschont geblieben. Forstwirtschaft, Bergbau und Eisenverhüttung spielten im Leben der Menschen über Jahrhunderte eine dominierende Rolle. Das Ortsmuseum und der 1870 erloschene Hochofen des ehemaligen Hammerwerkes, das größte technische Denkmal in Sachsen, sind beredte Zeugen dieser Vergangenheit.

Anyone passing through Morgenröthe-Rautenkranz may be forgiven for thinking that time has stood still here. This isolated parish, set amidst dense, unspoiled conifer forests, seems quite unaffected by the hectic pace of everyday life. In former centuries, however, forestry, mining and iron smelting played a dominant role in the lives of the inhabitants. The local history museum bears eloquent testimony to this bygone age, as does the blast furnace of the hammer mill, which closed in 1870. The mill is now Saxony's largest industrial monument.

A Morgenröthe-Rautenkranz, les personnes de passage pensent que le temps s'est arrêté. La commune entourée de forêts denses et préservées semble être passée à côté du quotidien stressé de notre époque. L'exploitation forestière, les mines et la sidérurgie jouèrent un rôle dominant dans la vie des hommes pendant des siècles. Le musée local et le haut fourneau, éteint depuis 1870, des anciennes forges – le plus grand monument technique de la Saxe - sont des témoignages significatifs de ce passé.

In Morgenröthe-Rautenkranz wird von der Idylle des Vogtlandes der Brückenschlag in die Weltraumfahrt vollzogen. Sigmund Jähn, der erste deutsche Astronaut im All, stammt von hier, womit erklärt ist, warum das Deutsche Raumfahrtmuseum ausgerechnet in diesem Zipfel der großen Bundesrepublik zu finden ist. Hauptanliegen dieser deutschlandweit einmaligen Ausstellung ist, den Nutzen der Weltraumforschung für die Menschheit der Öffentlichkeit nahezubringen. Empfangen wird der Besucher von einer MIG 21 F 13, die sich vor dem Museum präsentiert.

Unexpectedly, the village of Morgenröthe-Rautenkranz performs the task of forging a link between the idyllic Vogtland and the future of space travel. Sigmund Jähn, the first German astronaut in space, is a native of the town, sufficient explanation for the presence of the German Space Museum in this remote corner of the Federal Republic. The museum exhibition, which aims to explain to the public the benefits of space exploration for mankind, is the only one of its kind in Germany. Visitors are greeted by a MIG 21 F13 on display at the entrance.

A Morgenröthe-Rautenkranz, on fait le pont entre le Vogtland idyllique et l'avenir de l'espace. Sigmund Jähn, le premier astronaute allemand dans l'espace, est originaire de cette ville, ce qui explique pourquoi le musée de la conquête de l'espace se trouve justement dans ce coin reculé de la vaste République Fédérale. L'objectif principal de cette exposition unique en Allemagne est d'expliquer au grand public l'utilité de la recherche spatiale pour l'humanité. Le visiteur est accueilli par un MIG 21 F13, qui effectue sa dernière mission devant le musée.

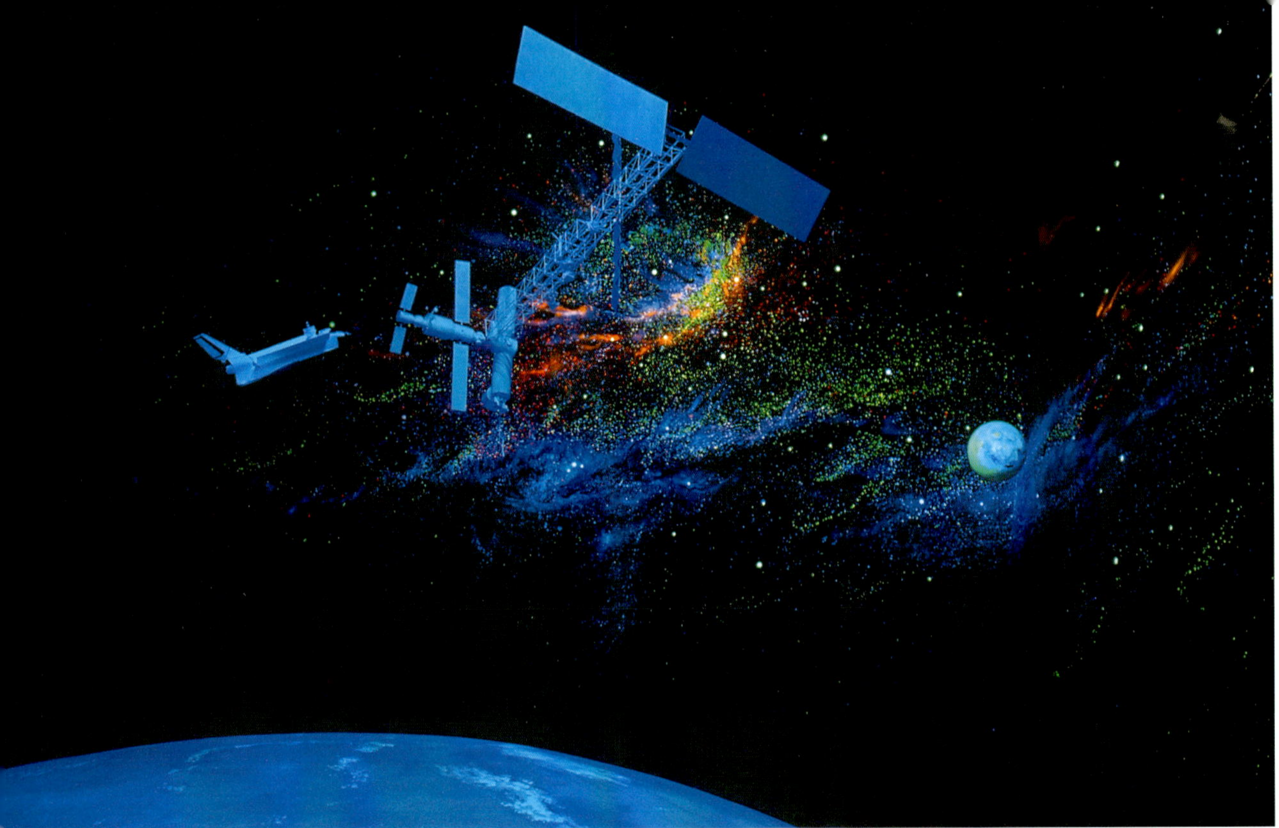

△ Weltraumstation mit Shuttle

▽ Ausstellungsräume

DEUTSCHES RAUMFAHRT MUSEUM

Im Ausstellungskomplex der unbemannten Raumfahrt wird vornehmlich das breite Spektrum erdnaher Satellitensysteme vorgestellt. Das reicht von Kommunikationssatelliten über Wetter- bis hin zu Umwelt- und speziellen Forschungssatelliten. Vornehmlich die Flüge mit deutschen Astronauten und Kosmonauten können in der Abteilung bemannte Raumfahrt nacherlebt werden. Neben originalen Raumanzügen und Forschungsgeräten gibt es viele interessante Exponate, die vom Astronauten-Leben in der Schwerelosigkeit berichten.

German space museum

In the department of the museum devoted to unmanned space travel, the emphasis is largely on presenting a wide range of earth satellite systems. This includes everything from communication and weather satellites to satellites employed for environmental and other specialized forms of research. The department of manned space travel is mainly devoted to reconstructing the voyages of German astronauts and cosmonauts. On show are original space suits, scientific equipment and other fascinating exhibits demonstrating life at zero gravity.

Musée de la conquête de l'espace

Dans la section »vols spatiaux inhabités«, on présente principalement le large spectre des systèmes de satellites orbitaux. Cela va des satellites de communication jusqu'aux satellites de surveillance de l'environnement en passant par les satellites de météorologie. Dans la section »vols spatiaux habités« on peut revivre notamment les vols des astronautes et cosmonautes allemands. A côté des combinaisons et des instruments de recherche originaux, de nombreux objets exposés racontent la vie en apesanteur.

Geradezu Balsam für Geist und Seele ist, egal ob im Sommer oder Winter, ein Spaziergang an der Talsperre Eibenstock, der größten sächsischen Trinkwassertalsperre. Bei einem Abstecher vom Vogtland ins westliche Erzgebirge stößt man auf weitere Superlativen: den größten Wasserfall Sachsens bei Blauenthal, die Trinkwassertalsperre Carlsfeld, dem höchstgelegenen und schneesicheren erzgebirgischen Ort oder die barocke Trinitatiskirche, die älteste sächsische Rundkirche, nach deren Vorbild die Dresdner Frauenkirche gebaut wurde.

Whether in summer or winter, it is a wonderfully soothing experience to stroll round the Eibenstock reservoir, the largest in Saxony. If you leave the Vogtland and make a short detour into the western Erzgebirge, more superlatives await you: the biggest waterfall in Saxony, for instance, near Blauenthal, and the reservoir in Carlsfeld - the highest place in the Erzgebirge, and one where snow is practically guaranteed - or the Baroque Church of the Trinity, the oldest round church in Saxony, which served as the model for the Frauenkirche in Dresden.

Une promenade au barrage Eibenstock, le plus grand réservoir d'eau potable de la Saxe, est une vraie détente de l'esprit et de l'âme, été comme hiver. A partir du Vogtland, un petit détour à l'ouest des monts Métallifères offre de nouvelles surprises: à Blauenthal la plus grande cascade de Saxe, le barrage d'eau potable Carlsfeld, la station toujours bien enneigée la plus élevée des monts Métallifères ou l'église baroque Trinitatis, la plus ancienne église ronde de la Saxe, qui servit de modèle pour l'église Notre Dame de Dresde.

Rißfälle bei Hammerstein
Schneckenstein, Topas-Felsen

Seit jeher zieht es Wanderer und Naturfreunde in die Waldgebietsgemeinden Hammerbrücke, Morgenröthe-Rautenkranz und Tannenbergsthal. Ein weit verzweigtes Wanderwegenetz führt durch die schier unendlich scheinenden Wälder über blühende Bergwiesen hinauf in die Kammregion mit ihren Hochmooren. Seien es die Floßgrabensysteme mit ihren einzigartigen Rißfällen oder der Schneckenstein, einziger Topasfelsen auf der nördlichen Erdhalbkugel; der Herrgott hat es hier mit den Schönheiten der Natur besonders gut gemeint.

The Riss Falls near Hammerstein
Schneckenstein, Topaz rocks

Walkers and nature-lovers have always been drawn to the woodland parishes of Hammerbrücke, Morgenröthe-Rautenkranz and Tannenbergsthal. An extensive network of marked footpaths meanders through apparently never-ending forests and flower-filled mountain meadows up to the boggy ground of the highest ridges. Remembering the raft canals, with the unique Riss Falls, and Schneckenstein rock, the only topaz outcrop in the northern hemisphere; we have to admit that God has granted this area more than its fair share of natural beauty.

Cascades prés de Hammerstein
Schneckenstein, rocher de topaze

Depuis toujours les randonneurs et les amis de la nature sont attirés par les communes forestières Hammerbrücke, Morgenröthe-Rautenkranz et Tannenbergsthal. Les nombreux sentiers de randonnée se croisent à travers des forêts qui semblent sans fin, traversent des prés en fleurs, jusqu'à la crête avec ses bruyères. Que ce soient le système particulier de canaux aménagés le long d'un barrage ou le Schneckenstein, seul rocher de topaze dans l'hémisphère nord; le Seigneur n'a pas lésiné sur les beautés de la nature.

SILVETTA
felo

Klingenthal trägt die Lyra im Wappen und den Beinamen Musikstadt, denn die Region hat eine lange, einzigartige Tradition als Zentrum des Musikinstrumentenbaus. Mit ihrer über 170-jährigen Erfahrung in der Harmonika-Herstellung erlangte die Stadt Weltruf. Das Musik- und Wintersportmuseum, die Heimatstube Zwota oder die Schaumanufaktur für Akkordeons sind lohnende Ausflugsziele. Alljährlich im Mai ist Klingenthal Gastgeber des Internationalen Akkordeonwettbewerbs, der erstmals 1948 ausgetragen wurde.

Klingenthal displays a lyre in its coat-of-arms and is often named the 'music town'. The community can look back on a long and unique tradition as a centre of musical instrument manufacture, and has gained international renown through 170 years of harmonica production. Notable visitor attractions include the Music and Winter Sports Museum, the 'Heimatstube Zwota' musical instrument museum and the accordion manufactory, open to the public. The Klingenthal International Accordion Contest has been held annually in May since 1948.

Klingenthal affiche la lyre dans ses armes et porte le surnom de »Ville de la musique«, la région possède une longue tradition dans la fabrication d'instruments de musique. La ville acquit une renommée mondiale grâce à son expérience de plus de 170 ans dans la fabrication d'harmonicas. Le musée de la musique et des sports d'hiver, la maison régionale Zwota ou la manufacture d'accordéons méritent une visite. Depuis 1948, au mois de mai, Klingenthal accueille le Concours international d'accordéon.

Klingenthal mit seinem Ortsteil Mühlleithen ist ein ausgesprochenes Wintersport- und Wandergebiet. Vom Aussichtsturm auf dem 936 Meter hohen Aschberg bietet sich zu jeder Jahreszeit ein herrliches Panorama auf die reizvollen Täler bis nach Böhmen und Oberfranken. Bei Superwetter kann man sogar das Leipziger Völkerschlachtdenkmal erkennen. Viel Spaß macht eine Fahrt mit der Mühlleithener Sommerrodelbahn, die sich über 800 Meter mit elf Kurven mitten durch den Wald schlängelt.

Klingenthal and its outlying district of Mühlleithen are ideal areas for winter sports and hiking tours. The observation tower on the 936-metre-high Aschberg provides a splendid panorama at any time of the year, for the view extends over rolling countryside as far as Bohemia and Upper Franconia, and on a clear day you can even spot the Battle of the Nations monument near Leipzig. For entertainment with more action, try a ride on the 800 metre-long summer toboggan run in Mühlleithen, which plunges down a wooded hillside in eleven curves.

Klingenthal avec son quartier Mühlleithen est une région attrayante pour les sports d'hiver et les randonnées. Du belvédère situé sur le mont Aschberg, haut de 936 mètres, on a une vue splendide sur les vallées jusqu'à la Bohème et la Haute-Franconie. Par temps très clair, on peut même reconnaître le monument de la Bataille des nations. Une descente sur la piste de luge d'été de Mühlleithen, qui serpente à travers la forêt sur plus de 800 mètres avec 11 virages, est très amusante.

Klingenthaler Wintersportler bestimmten in den vergangenen Jahrzehnten das Niveau der Weltspitze mit. Hier wurden und werden Olympiasieger und Weltmeister gemacht. Der Bogen spannt sich von Skispringer Harry Glaß, 1956 erster olympischer Medaillengewinner für eine gesamtdeutsche Mannschaft, bis zu seinem „Enkel" Sven Hannawald, der ebenfalls am Aschberg das Einmaleins des Schanzenfluges erlernte. Stolz sind die Klingenthaler Bürger auch auf ihren Tierpark, in dem der größte Grizzlybär Deutschlands sein Zuhause hat.

Over the past decades, Klingenthal has produced many world-class professional winter sports athletes. The town has been, and indeed still is, home to many Olympic medallists and world champions such as the ski jumper Harry Glass, who in 1956 won the first Olympic medal for a whole German team, and, in sporting terms, his 'grandson' Sven Hannawald, another who learned the ABC of ski-jumping here on the Aschberg. The people of Klingenthal are also proud of their zoo, which at present houses Germany's largest grizzly bear.

Les athlètes de Klingenthal ont fait partie ces dernières décennies de l'élite mondiale des sports d'hiver. Ici on a formé et on forme des champions olympiques et des champions du monde. L'éventail va du sauteur à skis Harry Glass, premier médaillé olympique en 1956 pour une équipe d'Allemagne unie, jusqu'à son »petit-fils« Sven Hannawald, qui apprit lui aussi au Aschberg les rudiments du saut au tremplin. Les habitants de Klingenthal sont également fiers de leur zoo, qui vient d'accueillir le plus grand grizzly d'Allemagne.

◁ **Rundkirche Klingenthal**
Winterzauber in Schöneck ▷

Die 1737 geweihte Rundkirche „Zum Friedefürsten" in Klingenthal ist nach der im Wiederaufbau befindlichen Frauenkirche Dresden die größte ihrer Art in Sachsen. An malerischen Wintermotiven herrscht im Schönecker Waldgebiet kein Mangel. – In der kalten Jahreszeit ist der „Balkon des Vogtlands", wie Schöneck wegen seiner Höhenlage auch bezeichnet wird, das Ziel Tausender von Ski-Langläufern und –Abfahrern. Die fast 40 Kilometer lange Kammloipe durch den Naturpark Erzgebirge-Vogtland nach Johanngeorgenstadt nimmt hier ihren Ausgangspunkt.

◁ **Round Church, Klingenthal**
Winter magic in Schöneck ▷

Klingenthal's 'Zum Friedefürsten' [Prince of Peace] church, consecrated in 1737, will remain the largest of its kind in Saxony until the reconstruction of the Dresden Frauenkirche is complete. – Picturesque motifs are never lacking in Schöneck Forest in winter. Schöneck, often called the 'Balcony of Vogtland' because of its altitude, is the annual destination of thousands of cross-country and downhill skiers and the starting-point of a nearly 40-kilometre-long ski track that runs over the heights of the Erzgebirge-Vogtland National Park to Johanngeorgenstadt.

◁ **L'église ronde, Klingenthal**
Magie de l´hiver à Schöneck ▷

L'église ronde »Zum Friedefürsten« de Klingenthal, consacrée en 1737, est après l'église Notre Dame à Dresde, la plus grande de Saxe. La région forestière de Schöneck ne manque pas de beautés hivernales. Ce »Balcon du Vogtland» comme on surnomme Schöneck à cause de son altitude, est une destination pour des milliers de skieurs de fond ou de piste. La piste de ski de fond de la crête, longue de 40 kilomètres et traversant le Parc Naturel «monts Métallifères - Vogtland» en direction de Johanngeorgenstadt, se termine à cet endroit.

„Paulus Schlössel" im Musikwinkel

In Markneukirchen, dem Zentrum des weltbekannten obervogtländischen Musikwinkels, werden alle Orchesterinstrumente hergestellt. Eine besondere Kostbarkeit der Stadt ist das Musikinstrumentenmuseum im spätbarocken Paulus-Schlössel. Über 3.000 Musikinstrumente aus aller Welt gehören zum Bestand der Sammlung. Neben Streich-, Zupf-, Holzblas-, Metallblas-, Zungen- und Tasteninstrumenten gehört auch eine kleine Anzahl mechanischer Musikspielwerke zur Sammlung. Sachkundige Museumsführer erklären deren Besonderheiten und bringen sie auch zum Klingen.

The Baroque palace of Paulus

Markneukirchen is the centre of the world-famous Upper Vogtland 'Music Corner', and the whole range of orchestral instruments is manufactured here. Of particular note is the Musical Instrument Museum in the Baroque Schloss Paulus. Over 3,000 musical instruments from all over the world are exhibited here, including stringed and plucked instruments, woodwind, brass, reed, keyboard and percussion instruments. There is also a small collection of mechanical instruments. The museum staff provide informative guided tours with demonstrations.

Le palais baroque Paulus

A Markneukirchen, centre de ce «coin de musique» du Vogtland mondialement connu, sont fabriqués tous les instruments de musique d'un orchestre. Le musée des instruments de musique dans le palais baroque Paulus est un joyau de la ville. La collection compte 3000 instruments du monde entier. A côté de nombreux instruments à archets, à cordes, à vent en bois ou en métal, à anche et à clavier, se trouve également un petit nombre de boîtes à musique mécaniques. Des guides compétents en expliquent les particularités et les font également jouer.

5218
4905

Markneukirchen Freilichtmuseum Landwüst/Eubabrunn

Bei einer Wanderung, beginnend vom tiefsten Punkt mit 465 Meter ü.M. im Stadtteil Siebenbrunn, bis zum Aussichtsturm Bismarcksäule mit 620 Meter ü.M. wird man mit einer wundervollen Aussicht über die herrliche vogtländische Mittelgebirgslandschaft belohnt. – Im vogtländischen Freilichtmuseum Landwüst/Eubabrunn, einem rund sieben Hektar großen Komplex mit 32 Gebäuden, dokumentieren über 15.000 Exponate das karge Leben und die harte Arbeit der bäuerlichen Bevölkerung in den vergangenen Jahrhunderten.

Markneukirchen Open air museum Landwüst/Eubabrunn

If you walk from the lowest point in the district of Siebenbrunn, which lies 465 metres above sea level, to the Bismarck Column, an observation tower standing at a height of 620 metres, you will be greeted by a superb view over the splendid scenery of the Vogtland plateau. – In the Landwüst-Eubabrunn open air museum, a complex that contains thirty-two buildings and extends over an area exceeding seven hectares, there are over 15,000 exhibits illustrating the austere way of life and harsh working conditions of the rural population in former centuries.

Markneukirchen Ecomusée Landwüst/Eubabrunn

Lors de l'excursion commençant dans le quartier Siebenbrunn, à 465 mètres d'altitude, jusqu'au belvédère «Colonne de Bismarck» à 620 mètres, on est récompensé par la vue magnifique sur le merveilleux paysage de moyenne montagne du Vogtland. – Dans le musée en plein air du Vogtland Landwüst/Eubabrunn, un complexe de plus de 7 hectares avec 32 bâtiments, plus de 15 000 objets exposés illustrent la vie pauvre et le dur labeur de la population paysanne au cours des siècles passés.

Die sächsischen Staatsbäder Bad Elster und Bad Brambach können auf eine 150-jährige Kurtradition zurückblicken. Hier sprudelt das „Wasser des Lebens" aus 16 Heilquellen. Herzstück einer Trink- und Badekur sind die Moritz- und die Marienquelle in Bad Elster, die Brambacher Quellen sind für ihren Radongehalt bekannt. Die Sinne erfreuende, weitläufige Parkanlage, liebevoll restaurierte Bäderbauten und breite Promenaden sorgen für eine heiter-entspannte Atmosphäre und bilden den Rahmen für vielfältige Kur- und Heilangebote.

Saxony's two state health resorts, Bad Elster and Bad Brambach, can look back on more then 150 years of spa tradition. The 'water of life' bubbles up from no less than sixteen medicinal springs. At the heart of Bad Elster's spa facilities lie the Moritz and the Maria springs; the Brambach springs are known for their radon content. Visitors appreciate the extensive spa parks, the faithfully restored bath complex and the broad promenades which provide a cheerful, relaxed atmosphere and a worthy setting for various curative and remedial therapies.

Les bains publiques Bad Elster et Bad Brambach peuvent s'enorgueillir d'une tradition thermale vieille de 150 ans. Ici jaillit «l'eau de vie» de 16 sources thermales dont les sources Moritz et Marie à Bad Elster sont les plus importantes. Les sources Brambach sont connues pour leur taux en radon. Les parcs vastes et agréables, les établissements de bain restaurés avec goût et les larges promenades créent une atmosphère gaie et détendue et servent de cadre à une offre variée de cures et de soins.

Eine Verschnaufpause in den zugleich nostalgischen und modernen Kurbädern Bad Elster und Bad Brambach bringt Körper und Seele wieder ins Gleichgewicht. Hier gibt es tief wärmende Moorpackungen, heilende Trinkkuren, wohltuende Massagen – und dazu alles, was den Gesundheitsurlaub so schön macht: Konzerte, Theater und fröhliche Feste. – Das Adorfer Heimatmuseum im „Freiberger Tor", dem einzigen erhaltenen Stadttor im Vogtland, besitzt die größte deutsche Sammlung an Perlmuscheln und zeichnet die Adorfer Perlmuttwaren-Herstellung nach.

A period of rest and recuperation in the nostalgic yet up-to-date health resorts of Bad Elster and Bad Brambach will restore equilibrium to body and soul. Treatments include mud baths, waters cures and beneficial massages, augmented by events to make your stay even more pleasant: concerts, plays and festivals. – Adorf Local History Museum is housed in the Freiberger Tor, the only town gateway in the Vogtland. It contains the largest collection relating to pearl molluscs in Germany and documents the production of mother-of-pearl articles in Adorf.

Un séjour aux thermes à la fois nostalgiques et modernes Bad Elster et Bad Brambach redonne l'équilibre au corps et à l'esprit. Ici on profite de bains de boue chauffants, de cures d'eau curative, de massages bienfaisants- avec en prime tout ce qui rend les vacances santé si agréables : concerts, théâtre, fêtes animées. – Le musée des arts populaires de Adorf dans la »Freiberger Tor«, seule porte conservée du Vogtland, possède la plus grande collection allemande d'huîtres perlières et présente la fabrication d'objets en nacre à Adorf.

Heimatmuseum

Göltzschtalbrücke, Mylauer Burg, Johanniskirche zu Plauen ... – in der Miniaturschauanlage „Klein-Vogtland“ in Adorf ist alles vereint, was im Vogtland unter die Rubrik bauhistorische Sehenswürdigkeit fällt. Detailgenauigkeit und äußerste Exaktheit von über 50 Modellen lassen manches entdecken, was am Original wegen der räumlichen Entfernung verborgen bleibt. Der integrierte botanische Garten zeigt ein großes Repertoire alpiner Tiere und Pflanzen, die man auf Grund der ursprünglichen Standorte (Höhe, Lage) sonst gar nicht zu sehen bekommt.

Whether it be the Göltzschtal viaduct, Mylau Castle or the Church of Johannis in Plauen, they are all to be found in the Little Vogtland model village in Adorf, which brings together every site of architectural interest in the Vogtland. Over 50 models are on show here, all meticulously reconstructed with utmost precision, and they often reveal aspects that are impossible to discern at a distance. A botanical garden has been incorporated, with a wide range of alpine flora and plants rarely seen at first hand because of the inaccessibility of their native habitat.

Le pont de la vallée de Göltzsch, le château Mylau, l'église Johannis à Plauen... le parc miniature «Petit Vogtland» à Adorf réunit tout ce que le Vogtland compte comme monuments historiques à visiter. La précision des détails et l'exactitude extrême des 50 modèles permettent de découvrir certains aspects qui restent cachés dans l'original, à cause de l'éloignement. Le jardin botanique intégré montre un grand sortiment de la flore alpine et des plantes que leur emplacement d'origine (altitude, situation) ne permet pas de voir.

OELSNITZ, Zoephelsches Haus

Sehenswert in Oelsnitz sind insbesondere das Schloss Voigtsberg und die St.-Jakobi-Kirche hinter dem Zoephelschen Haus. Die Ursprünge des Sakralbaus im Stadtzentrum reichen über 700 Jahre zurück. Ihr heutiges Aussehen erhielt die Kirche mit den beiden 73,5 Meter hohen Türmen im 19. Jh. Das Voigtsberger Schloss steht auf einem 90 m hohen Diabas-Bergsporn und wurde wahrscheinlich zwischen 1232 und 1249 errichtet. Die Kernburg des Schlosses beherbergt heute das Teppich- und Heimatmuseum der Stadt Oelsnitz.

OELSNITZ, Zoephelsch House

If you are sight-seeing in Oelsnitz, don't miss the Church of St. Jakobi behind the Zoephelsch House and Voigtsberg castle. The history of the ecclesiastical building in the town centre can be traced back over 700 years, although it owes its present aspect, with the two distinctive, 73.5 metre-high spires, to nineteenth century architects. Voigtsberg castle, probably erected between 1232 and 1249, stands on top of a 90-metre high outcrop of diabase, a greenish volcanic rock. The Oelsnitz Carpet and Local History Museum is housed in the castle keep.

OELSNITZ, maison Zoephelsch

A Oelsnitz il faut visiter notamment l'église (St. Jacobi-Kirche) après le maison Zoephelsch et le palais Voigtsberg. Les origines de ce bâtiment sacré remontent à 700 ans. L'église prit son aspect actuel avec ses deux tours de 73,5 mètres au XIX siècle. Le palais Voigtsberg se dresse sur un piton rocheux en dolérite et fut probablement construit entre 1232 et 1249. Dans la ville de Oelsnitz, la partie ancienne du palais abrite aujourd'hui le musée du tapis et des arts populaires.

Viele Touristen, die ihre schönsten Tage im Jahr gern mitten in der Natur verbringen, bevorzugen längere Aufenthalte an der Talsperre Pirk unweit von Oelsnitz. Mit seinen zahlreichen Stellplätzen für Zelt, Caravan oder Wohnmobil bietet das größte Naherholungsgebiet von Oelsnitz dafür reichlich Gelegenheit. Die unter dem Markenzeichen des Halbmondes bekannt gewordenen Teppichstadt liegt nur wenige Kilometer entfernt, so dass ein Abstecher per pedes oder mit dem Fahrrad auf den gut ausgebauten Wegen keine große Mühe bereitet.

Many tourists who prefer to spend the nicest time of the year surrounded by the beauties of nature appreciate a longer stay at the Pirk reservoir, not far from Oelsnitz. There is no lack of opportunity for vacations here, for there are numerous campsites and plenty of caravan and mobile home sites in this local recreation area, the biggest in Oelsnitz. Oelsnitz, famous for its carpet manufactory with its distinctive half-moon trade mark, is also worth a detour. The town is situated nearby and is easily accessible by bicycle or on foot via well-marked paths.

Les nombreux touristes qui aiment passer les plus beaux jours de l'année en pleine nature, apprécient les vacances au barrage de Pirk, non loin de Oelsnitz. Les environs proches de Oelsnitz, offrant de nombreux emplacements pour les tentes, caravanes et mobilhomcs, permettent des séjours prolongés dans cette région. La ville des tapis devenue célèbre grâce à la marque déposée le «Croissant de Oelsnitz» n'est pas très éloignée, si bien qu'un petit détour à pied ou en vélo sur les chemins bien entretenus n'est pas fatigant.

In den Sommermonaten kann man in der Talsperre Pirk baden und angeln, sich am Ufer ein Boot ausleihen oder über die große Wasserfläche (152 ha) segeln und surfen. Man kann aber auch einfach nur genießen – die Stille und Schönheit der Landschaft, die sich bei einer Wanderung zu morgendlicher Stunde am zehn Kilometer langen Ufer des Gewässers zeigt. Dann herrscht sogar noch in der Jugendherberge „Talsperre Pirk" auf dem Dobeneck-Felsen tiefe Ruhe; einem beliebten Ziel von Klassenfahrten, Kinderferienlagern und Familienfreizeiten.

In the summer months, Pirk reservoir is open to bathers and anglers. You can also hire a rowing boat or try sailing or surfing over this expanse of water, which covers an area of over 152 hectares. Alternatively, you can just enjoy the view, and drink in the serene beauty of the landscape by strolling along the ten-kilometre-long lake shore in the dawn sunshine. It is a time when a deep calm descends over the area, and the silence even extends to the Pirk Reservoir Youth Hostel on Dobeneck Rock, a popular venue for school trips, youth camps and family holidays.

L'été on peut se baigner et pêcher dans le barrage de Pirk, louer un bateau ou faire de la voile et du surf sur cette immense étendue d'eau (152 hectares). On peut aussi se contenter de profiter du calme et de la beauté du paysage lors d'une randonnée matinale sur la rive longue de 10 kilomètres. A cette heure, le plus grand calme règne encore, même à l'auberge de jeunesse «Barrage de Pirk» sur le rocher Dobeneck, appréciée pour les voyages scolaires, les camps de vacances et les loisirs en famille.

Die Ursprünge des Schlosses Heinersgrün, einer kleinen Gemeinde nahe der Grenze zu Bayern, liegen im 16. Jh. Mit einer Unterbrechung befand sich das wuchtige, weithin sichtbare Gebäude bis zur Enteignung 1945 im Besitz der vogtländischen Adelsfamilie von Feilitzsch. In den 90er Jahren wurde der sehenswerte Wohnbau umfassend rekonstruiert. Auf einer Anhöhe gegenüber des Schlosses steht die ende des 12., Anfang des 13. Jh. erbaute, reich ausgestattete Wallfahrtskapelle St. Clara, die ehemals mit zum Rittergut gehörte.

The origins of Schloss Heinersgrün, a small parish near the Bavarian border, can be traced to the 16th century. The solidly-built mansion is visible for miles around and was, with one interruption, the property of the local aristocratic family of von Feilitzsch until the owners were dispossessed in 1945. In the 1990s, this fine residence underwent extensive reconstruction. The pilgrims' chapel of St Clara, dating from the 12th and 13th centuries, has a richly ornamented interior. It stands on a hill facing Schloss Heinersgrün and used to be part of its estate.

Les origines du palais Heinersgrün, petite commune près de la frontière avec la Bavière, datent du XVI s. Le bâtiment massif, visible de loin, demeura à une exception près possession de la famille Feilitzsch originaire du Vogtland, jusqu'à son expropriation en 1945. Il fut en majeure partie reconstruit dans les années 90. Sur une hauteur en face du palais se dresse la chapelle de pèlerinage Ste- Clara, construite aux XII et XIII siècle, richement décorée, et faisant autrefois partie du fief.

Kienmühle im Burgsteingebiet

Einer der schönsten Wanderräume im Vogtland ist das Burgsteingebiet, das sich etwa von Gutenfürst bis nach Geilsdorf erstreckt. Weitab von industriellen Ansiedlungen schlängelt sich der Kemnitzbach durch die jahrzehntelang unberührt gebliebene Landschaft im früheren Grenzgebiet. Es gibt gewiss nur noch wenige Orte in der Bundesrepublik, wo man mit der urwüchsigen Natur so auf Tuchfühlung gehen kann. Unmittelbar am Fuße der imposanten Pirker Autobahnbrücke mündet der Kemnitzbach in die Weiße Elster.

Klen mill, Burgstein

One of the finest areas for hikers and ramblers in the Vogtland is the Burgstein district, roughly covering the area between Gutenfürst and Geilsdorf. The little Kemnitz river meanders around a landscape far from any industrial settlements, through countryside that, as it formed part of the border between East and West Germany, remained untouched for decades. There can surely be few places in Germany where one can savour the joys of such an unspoiled environment. The Kemnitz flows into the Weisse Elster at the foot of the imposing Pirk viaduct.

Moulin Kien, région de Burgstein

Un des plus beaux sites de randonnée du Vogtland est la région de Burgstein, qui s'étend de Gutenfürst à Geilsdorf. Loin de toute installation industrielle, la rivière Kemnitz serpente à travers un paysage situé autrefois en région frontalière et préservé pendant des décennies. Il ne reste sûrement que peu d'endroits en République Fédérale où l'on peut profiter ainsi d'une nature vierge. Presque au pied de l'imposant pont d'autoroute de Pirk, la rivière Kemnitz se jette dans l'Elster Blanche.

Durch das Burgsteingebiet führt ein gut ausgebautes Wanderwegenetz. Ungefähr auf halber Höhe des Partnerschaftsweges Plauen - Hof, zwischen den kleinen Dörfern Ruderitz und Krebes, stößt man auf die Erhebung, die dem Areal seinen Namen gab – den Burgstein. Interessant machen den Ort, der seit 1989 wieder frei zugänglich ist, die beiden Wallfahrtskirchenruinen. Das 19. Jh. entdeckte die Romantik der alten Gemäuer und mit Beginn des 20. Jh. wurde das Burgsteingebiet gleichsam zum Inbegriff des vogtländischen Heimatgedankens.

A well-developed network of footpaths criss-crosses the Burgstein district. About half-way along the route from Plauen to Hof, between the little villages of Ruderitz und Krebes, you will find the hill that gave its name to this locality – Burgstein. Since 1989, Burgstein has once more been open to the public, and visitors will be interested to discover two ruined pilgrims' churches here. In the 19th century, the Romantics discovered the fascination of crumbling buildings, and by the 20th century the Burgstein district had come to epitomise the spirit of the Vogtland.

Un circuit de sentiers de randonnée traverse la région de Burgstein. Environ à mi-hauteur du chemin reliant Plauen à Hof, entre les petits villages Ruderitz et Krebes, on rencontre une colline, qui donna son nom à la localité – le «Burgstein». Les ruines des deux églises de pèlerinage rendent cet endroit, de nouveau accessible depuis 1989, très attrayant. Le XIX siècle découvrit le romantisme des vieilles ruines et depuis le début du XX siècle, la région de Burgstein est devenue synonyme de l'esprit régional du Vogtland.

Das „Museum Bayerisches Vogtland“ verrät es noch: Einstmals gehörte die Region um Hof zu den vogtländischen Besitzungen. Der gemeinsame Ursprung liegt allerdings eine Weile zurück. Bereits 1373 verkauften die Vögte von Weida Hof und das Regnitzland an die Burggrafen von Nürnberg. Heute leben in der nordbayerischen Stadt an der Sächsischen Saale knapp 51.000 Menschen. Die landschaftlich reizvolle Lage Hofs ist auf den glücklichen Umstand zurückzuführen, dass es gleich von zwei Mittelgebirgslandschaften, dem Fichtelgebirge und dem Frankenwald, umsäumt wird.

In den vergangenen Jahren hat sich Hof zu einer Stadt mit hohem Kultur- und Freizeitwert entwickelt. Gegenüber der Freiheitshalle, bekannt durch ungezählte TV-Übertragungen, wurde 1994 ein neues Theater eröffnet. Die Hofer Filmtage sind weit über die Landesgrenzen hinaus bekannt. Ihre Freizeit verbringen die Hofer gern im Naherholungsgebiet am Untreusee oder im ältesten Bürgerpark Deutschlands, dem Theresienstein mit Zoologischem und Botanischem Garten. Mehrere museale Einrichtungen erzählen die Geschichte der Stadt und ihrer Menschen

Damit, liebe Leser, wären wir am Ende unserer Farbbild-Reise durch das Vogtland, die Ihnen einen ersten Eindruck dieser Landschaftsregion vermittelt hat. Sicher, es gabe noch manches Sehenswerte mehr zu zeigen und zu beschreiben, zum Beispiel die romanische Kapelle in Neuensalz, die Plauener Friedensbrücke, die Salvatorkirche in Kürbitz, größte Dorfkirche Sachsens ... Aber alles kann man nun mal nicht in einen Bildband aufnehmen. Die gezeigten Bilder stehen stellvertretend für alles Nicht-gezeigte und sollen Sie, lieber Leser, zu einer eigenen Entdeckungsfahrt ins romantisch-urwüchsige Vogtland anregen. Ein gastliches Land erwartet Sie und Erholung in frischer Luft ist Ihnen sicher!

Simply the name of the Bavarian Vogtland Museum is sufficient to indicate that the region around Hof once belonged to the Vogtland. But this common heritage admittedly lies a long way back in time, for the bailiffs of Weida sold Hof and the Regnitz area to the burgraves of Nuremberg as early as 1373. Today the north Bavarian town on the Saxon River Saale has a population of about 51,000. Hof is fortunate enough to be located in a scenically extremely attractive area, for the town is surrounded by the two mountainous regions of the Fichtelgebirge and the Frankenwald.

And so, dear reader, we have reached the end of our pictorial excursion through the Vogtland. We hope very much that it has provided you with an overview of the region, and that you have at least gained an impression of its variegated scenery. There is certainly much more that we could have photographed and written about. We could, for instance, have mentioned the Romanesque chapel in Neuensalz, the Peace Bridge in Plauen or St Salvator in Kürbitz, which happens to be the largest village church in Saxony - but it is of course quite impossible to pack all Vogtland into one small volume. So we will have to be content with this representative selection of photos and hope that they will encourage you to set off on your own journey of discovery into the romantic, unspoiled countryside of the Vogtland. Relaxation and fresh air are yours for the asking, and a warm welcome awaits you for sure!

Le «musée du Vogtland bavarois» l'atteste: autrefois la région autour de Hof faisait partie des possessions du Vogtland. L'origine commune remonte certes assez loin. Dès 1373, les baillis de Weida vendirent Hof et la région de la Regnitz aux vicomtes de Nuremberg. Aujourd'hui 51 000 personnes vivent à Hof, ville du nord de la Bavière, située le long de la Saale saxonne. Cette ville a la chance d'être située dans un cadre magnifique, entourée de deux paysages de moyenne montagne, les monts Fichtel et la forêt de Franconie.

Hof est devenue au cours de ces dernières années une ville de grande valeur culturelle et de loisirs. En face de la Freiheitshalle, connue par de nombreuses émissions de télévision, on a inauguré en 1994 un nouveau théâtre. Le festival de cinéma de Hof est renommé bien au-delà des frontières du Land. Les habitants de Hof aiment passer leurs loisirs près de chez eux, au bord du lac Untreu ou dans le plus ancien parc municipal Theresienstein avec jardins zoologique et botanique. Plusieurs musées retracent l'histoire de la ville et de ses hommes.

Ainsi, cher lecteur, nous sommes arrivés au terme de notre voyage à travers le Vogtland, qui souhaitait vous donner un aperçu de cette région et de ses paysages. Il y aurait certainement beaucoup d'autres choses à vous montrer et à décrire. Par exemple la chapelle romaine à Neuensalz, le pont de la Paix à Plauen, l'église Salvator à Kürbitz, plus grande église de village de Saxe... Mais on ne peut pas tout mettre dans un livre de photos. D'autres images auraient pu avoir leur place dans cet ouvrage et leur absence doit vous inciter, cher lecteur, à entreprendre un voyage de découverte personnel dans le Vogtland romantique et authentique. Une région accueillante vous attend et le repos au grand air est garanti !

JENA
Bad Berka
Schmölln
Meerane
Limbach
Ob. Frohna
GERA
Zschopau
Crimmitschau
Kahla
Weida
ZWICKAU
Rudolstadt
Neustadt
Pausa
Saalfeld
Pößneck
Greiz
Reichenbach
SAALE
Schneeberg
VOGTLAND
Pöhl
Talsperre Pöhl
Schleiz
Talsperre Eibenstock
Aue
Lichte
Bleiloch-Stausee
PLAUEN
Oelsnitz
WEISSE ELSTER
Klingenthal
Adorf
HOF
Bad Elster
Markneukirchen
Landwüst
Kronach
Bad Brambach
Rehau